A VIDA NÃO É UMA linha RETA

♥ FABI SANTINA ♥

A VIDA NÃO É UMA linha RETA

Outro Planeta

Copyright © Fabi Santina, 2021
Copyright © Editora Planeta do Brasil, 2021
Todos os direitos reservados.

Preparação: Laura Vecchioli
Revisão: Elisa Martins e Fernanda Guerriero Antunes
Diagramação: Márcia Matos
Ilustrações de miolo: Eva Uviedo
Capa: Filipa Damião Pinto | Foresti Design

Dados Internacionais de Catalogação na Publicação (CIP)
Angélica Ilacqua CRB-8/7057

Santina, Fabi
 A vida não é uma linha reta / Fabi Santina. - São Paulo: Planeta, 2021.
 224 p.

ISBN: 978-65-5535-551-2

1. Crônicas brasileiras I. Título

21-4615   CDD B869.8

Índices para catálogo sistemático:
1. Crônicas brasileiras

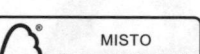 Ao escolher este livro, você está apoiando o manejo responsável das florestas do mundo

2021
Todos os direitos desta edição reservados à
EDITORA PLANETA DO BRASIL LTDA.
Rua Bela Cintra, 986 – 4º andar
01415-002 – Consolação
São Paulo-SP
www.planetadelivros.com.br
faleconosco@editoraplaneta.com.br

Dedico este livro a minha filha, Giovana, que desde antes de nascer já me ensinava muito sobre o amor e a vida. Te amo muito, minha pequena.

Introdução

Seja bem-vindo, caro leitor, este é um livro de crônicas no qual eu falo sobre sentimentos, pensamentos, alegrias, tristezas, revoltas e todas essas coisas que fazem parte da vida. Foram textos que fui escrevendo ao longo de mais ou menos um ano e meio. Nesse período, muitas coisas aconteceram na minha vida, no mundo, e tentei de alguma forma passar tudo isso pro papel.

Você vai perceber que alguns textos são apenas reflexões, outros são inspirações, outros são desabafos e outros são sentimentos. Este livro é uma colcha de retalhos de diversos assuntos que fazem parte da vida, porque, se a gente parar pra analisar, a vida é assim, cheia de assuntos diversos, complementares e opostos, plurais e singulares. Afinal, a vida não é uma linha reta...

Escrever é LIBERTADOR

Eu amava escrever: bilhetinhos para as amigas, para os namoradinhos, e até redações de escola. Sempre gostei de ler, tive diários e adorava responder questionários, daqueles com perguntas que demandavam respostas complicadas. Minha letra não era a mais bonita, mas, depois de muito treino em cadernos de caligrafia, até que ficou ok. Uma vez até elogiaram uma redação que fiz para a escola, contando uma história engraçada da minha vida. Fui chamada para ler em voz alta na frente da sala e me senti muito orgulhosa.

Então chegou a internet e as cartas e os bilhetinhos viraram trocas de mensagens curtas e emojis. Comecei a faculdade, depois o trabalho tomou meu tempo, mas nunca deixei de ler. Às vezes eu lia bastante e às vezes nem tanto. Escrever tinha ficado no passado, meu negócio era gravar vídeos, tirar fotos, e as palavras escritas formavam pequenas frases de legendas e mensagens.

Uma vez, em uma briga que tive com o meu marido enquanto ainda éramos namorados, percebi que na hora da conversa cara a cara eu não conseguia colocar pra fora tudo o que eu queria e sentia. Parecia que as palavras fugiam ou saíam de uma forma diferente do que eu preparava na minha cabeça. E quando, na madrugada, decidia mandar mensagem pra ele continuando a "briga" e expondo meu ponto de vista, eu conseguia me explicar incrivelmente melhor nas palavras digitadas na tela do meu celular.

Nunca pensei que seria escritora. *EU? Escrever sobre o quê? Quem vai ler meus livros?* Até que me veio uma ideia e comecei a escrever meu primeiro livro. Conforme escrevia e relia o que já havia escrito, não acreditava que era eu quem estava escrevendo aquilo. Amava cada frase, ria, me emocionava e me surpreendia mais e mais. Coloquei pra fora pensamentos e sentimentos que nem eu compreendia, comecei a me conhecer mais a fundo e a me libertar.

Hoje, escrever pra mim é libertador. Descobri que é através da escrita que consigo me expressar da forma mais genuína e sincera. Hoje escrevo mensagens, legendas, livros e textos de pensamentos e sentimentos que eu tento compreender. Algumas pessoas são boas em se expressar com palavras, outras através da música, da dança, da pintura, de atitudes e por aí vai. Você só precisa se encontrar.

Eu me encontrei, consigo me abrir mais para o mundo e até pra mim mesma através das palavras digitadas em um computador ou escritas em um pedaço de papel.

E você, já encontrou a melhor forma de se expressar e se conhecer?

COLOCAR SEUS PENSAMENTOS E SENTIMENTOS PRA FORA, SEJA ESCREVENDO, PINTANDO, DANÇANDO, COMPONDO, FALANDO, CANTANDO, RECITANDO OU SEJA LÁ A FORMA COMO VOCÊ CONSEGUE SE EXPRESSAR, **É LIBERTADOR.**

Desconecte-se para se conectar

Foi difícil começar este texto porque pra isso eu precisei me desconectar das redes sociais, do meu celular e do mundo exterior para me conectar comigo, com meus pensamentos. E isso não é uma tarefa fácil. Diria até que, nos dias de hoje, na era da informação e da vida acelerada, se desconectar é quase impossível para algumas pessoas. Você consegue?

Ao acordarmos, a primeira coisa que fazemos é pegar o celular para checar se tem alguma mensagem; às vezes, ainda na cama, abrimos as redes sociais e gastamos alguns minutos passando a barra de rolagem e vendo os acontecimentos da vida dos outros. Vivemos quase vinte e quatro horas conectados com o mundo online. Mas muitas vezes nos esquecemos de nos conectarmos com nós mesmos e vivermos o offline.

Eu trabalho com internet e muitas vezes é difícil distinguir o on do off na minha vida, mas com o tempo fui aprendendo a importância disso. Amo estar online, mas amo também os meus momentos offline, sem câmeras, sem internet, porque é nesses momentos que estamos realmente vivendo.

Tento, ao acordar, pensar no meu dia, se possível fazer uma meditação para me conectar com o meu eu interior. Claro que ao longo do dia vou passar horas no celular, mas tenho a consciência de que às vezes preciso de pausas e que posso desligá-lo de vez em quando.

Por isso, minha dica é: sempre que estiver em um jantar com amigos, tente se esquecer completamente do seu celular, deixe ele desligado ou guardado, para que você não se distraia com qualquer notificação. Você irá perceber como vai se conectar muito mais com aquelas pessoas. Ou quando for ler um livro, desligue seu celular, por uma hora que seja, e repare como a sua leitura vai fluir de forma mais rápida e profunda. Quando se sentir pronto, fique off das redes sociais por um fim de semana completo, apenas vivendo sua vida com as pessoas ao seu redor. Parece impossível e assustador, mas, ao término do fim de semana, você vai perceber como é libertador.

A sua vida não vai deixar de existir porque você não está online, postando ou curtindo. Pelo contrário, você vai se sentir mais vivo quando finalmente perceber que precisamos nos desconectar para nos conectarmos. Só aí você vai conseguir viver de uma forma mais plena e consciente.

DESCONECTE-SE
DAS REDES SOCIAIS
DE VEZ EM QUANDO
E VÁ VIVER.

**A VIDA
DE VERDADE
ACONTECE
NO OFFLINE,
NO OFF DAS CÂMERAS.**

Página
EM BRANCO

Todo dia é uma página em branco. Alguns dias já começam com reticências e outros, não. Independentemente disso, todos os dias podemos escrever uma nova história, podemos escolher o rumo da nossa vida. Claro que algumas coisas fogem do nosso controle e obstáculos podem surgir no caminho. Mas você escolhe como decide encarar os desafios, você toma as decisões.

Tem dias que já acordamos com uma energia pesada, com mágoas, de mau humor. E isso sem dúvida influencia todas as nossas decisões e torna nosso dia mais difícil. Mas tem dias que acordamos inspirados, alegres, com disposição e parece que simplesmente tudo dá certo. Não é uma questão de sorte, é uma escolha. Você escolhe fazer seu dia bom ou não.

Sei que às vezes o mundo está tão complicado que é difícil ter esperança e se manter positivo. Mas somos capazes, sim, de ser feliz apesar das coisas ruins. Tem dias que serão mais difíceis que outros, mas lembre-se: sempre haverá um novo dia, uma nova chance, uma nova página em branco.

Então, não desanime, encare os desafios, escolha ser feliz e, mesmo quando tudo estiver difícil, acredite que é possível.

VOCÊ TEM MILHARES DE
PÁGINAS EM BRANCO
TE ESPERANDO PELA FRENTE,
BASTA VOCÊ ESCOLHER
COMO QUER PREENCHÊ-LAS.

Segunda chance

Você já deu uma segunda chance a alguém? Às vezes vale a pena, às vezes, não. Mas será que todo mundo merece uma segunda chance? Ou é só um ditado popular sem pé nem cabeça? Eu acredito que segundas chances valem a pena e são necessárias, porque todo mundo erra. Afinal, o ser humano é falho e complexo. Mas, assim como somos capazes de errar, somos capazes de evoluir. Uns aprendem com seus erros e outros, não.

Você já recebeu uma segunda chance? E você foi capaz de evoluir e fazer valer a pena essa oportunidade? Segundas chances existem, mas nem todo mundo sabe aproveitar. Se te derem uma segunda chance, saiba que estão te dando um voto de confiança, estão acreditando na sua capacidade de ser melhor. Então, faça por merecer. E se você decidir dar uma segunda chance a alguém, faça de coração aberto, mas não crie expectativas.

Se alguém partiu seu coração, não generalize. Dê uma segunda chance ao amor. Não necessariamente para a pessoa que você amou e que deixou seu coração em pedaços, mas pode ser pra ela também, caso você queira. Quando digo "dê uma segunda chance ao amor", quero dizer: acredite no amor. Uma vida com amor é uma vida que vale a pena ser vivida. Ame e se permita ser amado.

Segundas chances servem pra tudo: relacionamento, amizade, trabalho, oportunidades, amor, hobbies e até para si mesmo. Você já se deu uma segunda chance? Você também erra, ninguém neste mundo é perfeito. Então, não se cobre tanto, não se crucifique, não se desvalorize. Dê uma segunda chance a si mesmo. Uma nova chance para provar que você pode ser melhor; e pra isso você não precisa ser melhor do que alguém, apenas ser o melhor que pode ser.

SEGUNDAS CHANCES VALEM A PENA.

DÊ UMA SEGUNDA CHANCE PARA SEGUNDAS CHANCES.

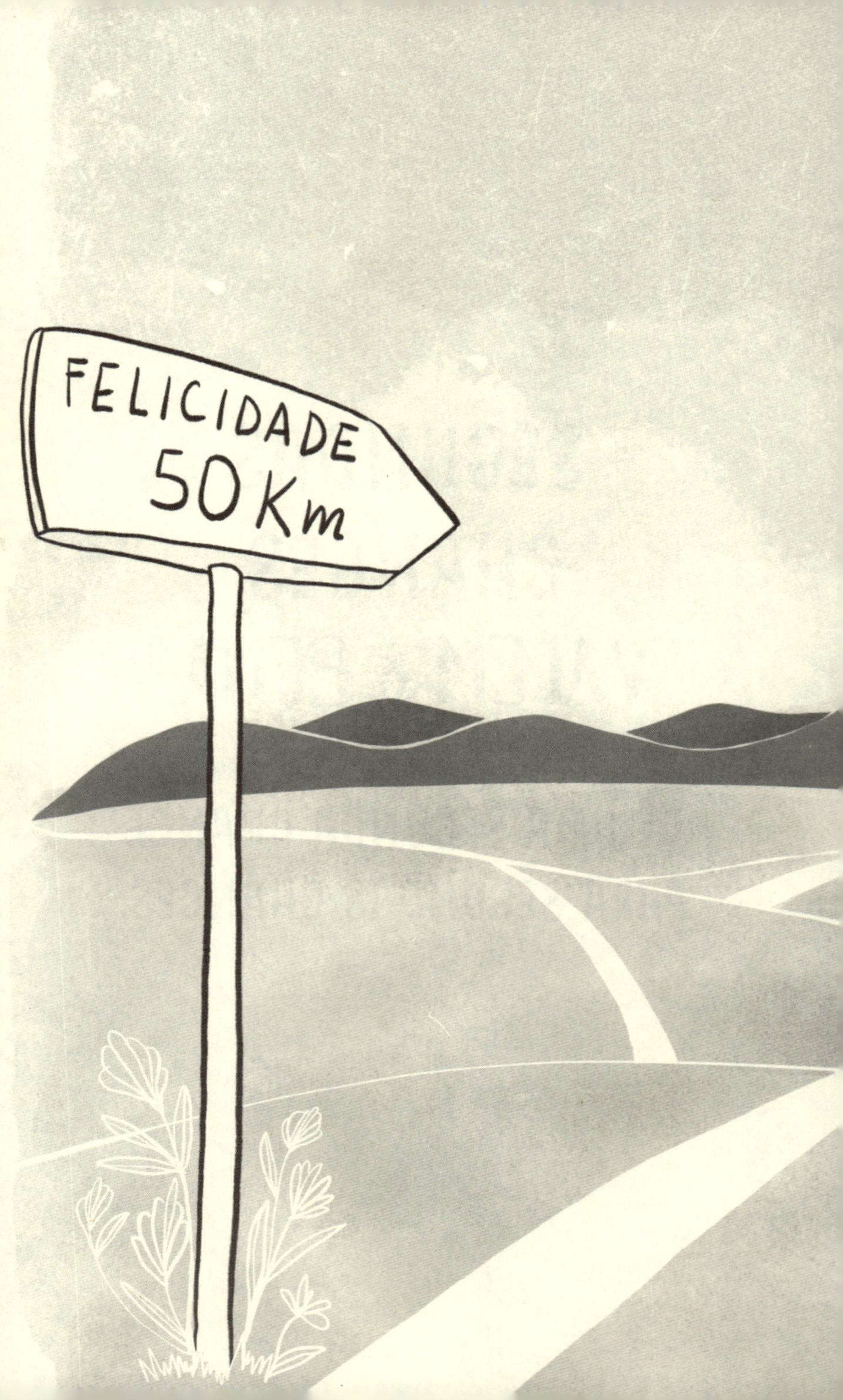
FELICIDADE
50 Km

A felicidade
NÃO É UM LUGAR

Vivemos em uma sociedade que busca a perfeição. A vida perfeita, o corpo perfeito, o trabalho perfeito, a família perfeita. Vemos frações da vida alheia nas redes sociais e julgamos serem pessoas perfeitas em suas vidas perfeitas. Parece que só nós temos dificuldades, olheiras, contas atrasadas, desânimo, gordura extra, problemas familiares, corações partidos, noites maldormidas e por aí vai.

Então concluímos que precisamos trabalhar e correr atrás de tudo o que julgamos ser perfeito. Traçamos nossos sonhos e objetivos naquela direção, acreditando que, quando alcançarmos tudo aquilo, seremos eternamente felizes. Mas a felicidade não é um lugar. E, sinto lhe informar, não é eterna, como nada na vida. Inclusive a própria vida.

A felicidade não está no final do percurso, ela está no meio do caminho, nos pequenos momentos da vida, dos mais simples – como acordar com saúde – aos mais marcantes – como dar à luz um filho. E a felicidade deve, sim, fazer parte do nosso dia a dia, todos os dias, com flutuações de intensidade. Não seremos felizes o tempo todo, ainda vamos ter momentos de estresse, mau humor, desânimo, tristeza, raiva, porque a nossa vida não é nem nunca será perfeita.

Mas, se formos capazes de sentir a felicidade nos momentos mais simples do dia a dia, como quando nosso cachorro nos recebe com uma lambidinha de carinho ou quando contemplamos a imensidão do céu, pararemos de "procurar a felicidade" e começaremos a viver a nossa vida de verdade.

A FELICIDADE NÃO ESTÁ NA LINHA DE CHEGADA, ELA ESTÁ AO LONGO DO CAMINHO.

Porta-joias

Algumas memórias a gente guarda em um lugar especial na nossa cabeça, como se fossem joias raras. Se existisse um porta-joias de veludo preto bem chique dentro do nosso arquivo de memórias, seria nele que guardaríamos os dias mais importantes da nossa vida, as lembranças mais especiais, os momentos mágicos.

Eu me imagino andando pelo meu arquivo de memórias, dentro da minha cabeça, como se fosse um closet bem lindo, daqueles de Pinterest, mas no lugar de roupas, sapatos e bolsas haveria lembranças, pensamentos e recordações. Tá, às vezes eu também visualizo como se fosse igual ao filme *Divertida mente*, mas prefiro a visão do closet, porque é mais chique e adulta.

Eu me imagino vestida com um lindo roupão longo de seda branco enquanto olho pelos cabides e gavetas, como se fosse escolher o que vestir, mas na verdade estou escolhendo palavras, pensamentos e sentimentos. Sabe aquela famosa frase: "Ela está coberta de razão"? No meu closet de memórias, a razão seria um lindo casaco de pele preto (pele fake, tá?!). Me imagino vestida apenas com esse casaco maravilhoso, usando um *scarpin* preto de verniz e um par de brincos de esmeraldas bem grandes. Eu estaria literalmente coberta de razão. E de ostentação, haha.

Voltando ao porta-joias, o que você guardaria no seu? Apenas pedras preciosas ou algumas bijuterias que podem parecer sem valor aos desavisados, mas que para você não têm preço? No meu, eu guardaria de tudo, dos momentos mais especiais, como o dia do meu casamento, aos mais simples, como um dia de preguiça na cama com o meu marido assistindo a uma série. Tem memórias que são mais cheias de significados e emoções, e outras apenas são gostosas de revisitar. Eu guardaria também o dia em que conheci a minha cachorrinha, os dias e as noites em que escrevi meus livros e a emoção de todas as vezes que os vi nas estantes das livrarias que visitei, as trocas de olhares com meu marido, os momentos de amizade e cumplicidade com a minha irmã, as risadas que já dei entre amigos, as macarronadas de domingo em família, todos os dias da minha lua de mel, a lembrança do sabor da verdadeira comida italiana e muito mais. Ah, meu porta-joias seria *beeeeeeeeem* grande, com todos os tipos de recordações felizes.

E aí, o que você guardaria no seu porta-joias de recordações?

ÀS VEZES, UMA "BIJUTERIA" QUE APARENTA NÃO TER VALOR NENHUM PODE SER A SUA JOIA MAIS PRECIOSA.

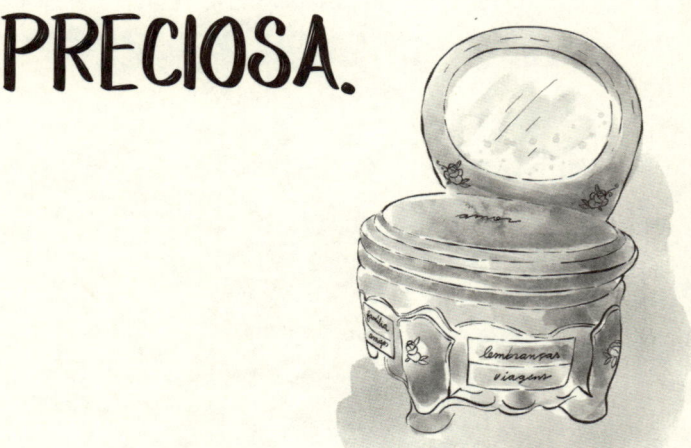

A VIDA
não é uma
LINHA RETA

Todo mundo já escutou a pergunta: "Onde você quer estar daqui a cinco anos?". Eu odeio esse tipo de pergunta! Minha vontade é de responder: "Não sei, não sei nem o que eu quero comer no jantar". Por que a gente vive querendo planejar a vida, cada passo, cada meta, cada milésimo de segundo?

Vivemos em uma sociedade guiada por metas. Metas para o ano, metas para o trabalho, metas para o dia, metas para a vida. Não acho errado sonhar, se planejar e traçar caminhos para alcançar um objetivo. Mas não podemos esquecer que às vezes só viver e deixar a vida seguir seu curso por um tempo também pode ser legal. Não precisamos ter metas pra tudo, o tempo todo. Às vezes não saber pra onde se quer ir também é uma forma de encarar a vida naquele momento. E tá tudo bem.

Sempre fui uma pessoa cheia de sonhos, metas e planos. Praticamente desenhei a minha vida toda na minha cabeça. Claro que em vários momentos eu me senti perdida, mas de repente encontrava um novo sonho para seguir. Um dos grandes sonhos da minha vida era me casar. E eu me casei, foi lindo, festão, vestido branco, troca de votos perfeitos. Mais incrível do que eu sonhei. E então, no meio da minha lua de mel nas Maldivas, me peguei desesperada pensando: *Meu Deus, um dos grandes sonhos da minha vida era me casar. E eu me casei. E agora?* Era como se eu fosse um barco no meio do mar, à deriva, sem rota para seguir. Então meu marido disse: "Calma, logo você vai criar novos sonhos para correr atrás e realizar. Mas agora só curte o momento".

E ele estava certo, pouco tempo depois eu já tinha novos sonhos. Só não podemos nos esquecer de aproveitar a realização deles quando os alcançamos, e sermos gratos por tudo que conquistamos.

Sobre esses novos planos, tracei novas metas, tinha datas para algumas viagens, já sabia o que eu queria para os próximos cinco anos, cada conquista que queria alcançar, cada país que queria conhecer. Mas não podemos esquecer que não estamos no controle de tudo, a vida não é uma linha reta. Ela é uma estrada cheia de curvas, com novas rotas, atalhos e ruas sem saída. Então às vezes a vida vem e ignora todos os nossos planos, bagunça tudo e nos tira da órbita. O que temos que fazer? Parar, respirar e analisar. Tudo bem se por um tempo você se sentir perdido, mas em algum momento você vai revisar seus sonhos, mudar alguns deles, criar novos, antecipar uns, adiar outros, e pronto, você já tem um novo plano.

Só não se esqueça de que a vida não é uma linha reta, então talvez nada saia como planejado e você tenha que organizar tudo mais uma vez. E não há problema nenhum nisso! Muitas vezes o destino nos guarda algo que nem imaginávamos, algo ainda melhor do que estava ali nas nossas metas. Basta se abrir para esses novos caminhos, não ter medo de seguir as curvas que a vida apresenta pela trilha, encarar as encruzilhadas e, quem sabe, chegar a um destino ainda mais surpreendente.

VOCÊ PODE ATÉ TRAÇAR METAS E FAZER PLANOS, SÓ NÃO SE ESQUEÇA DE QUE

A VIDA NÃO SEGUE UMA LINHA RETA

PREDETERMINADA POR VOCÊ.

É VOCÊ QUEM TEM
QUE SE ADAPTAR A ELA,

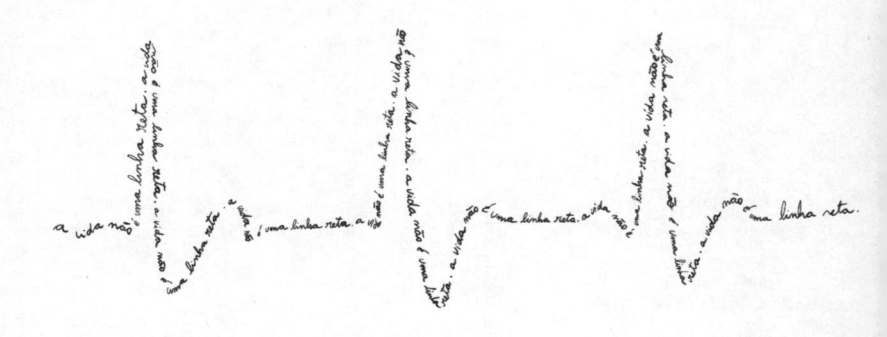

POIS ELA NÃO VAI
SE ENCAIXAR NOS
SEUS PLANOS.

Chuva de VERÃO

É muito doido... quando se está no olho do furacão, parece que não tem saída, que aquele é o fim e que não há nada capaz de mudar o rumo das coisas. Não é possível enxergar nada além da confusão. O foco é o problema, e o nervosismo e a ansiedade só pioram tudo. O coração acelera, a garganta fica seca e os olhos, úmidos. Dá vontade de chorar, de gritar, de desistir. Mas algo mais forte dentro de você faz com que consiga se manter de pé e firme, mesmo com o mundo desabando sobre a sua cabeça.

Não que você não vá chorar, você vai. Vai se descabelar, gritar, surtar. Mas, ainda assim, algo vai te fazer continuar, mesmo que as chances de aquele problema ser superado pareçam mínimas. E, de alguma forma, às vezes depois de muito tempo ou mesmo pouco tempo depois, as coisas se resolvem ou se encaminham para um desfecho.

E é nesse momento que você volta a enxergar com clareza. Percebe que o furacão não passava de uma chuva de verão, daquelas que escurecem o céu, fazem barulho, causam alguns estragos, mas não demoram mais que vinte minutos a passar. Apesar de alguns danos, não chegam a ser destrutivas, não são fatais nem permanentes. Porém, você só consegue se dar conta disso depois que sai do meio do problema. Porque quando estamos no calor do momento, tudo fica nublado.

Mas é possível aprender com as tempestades. Então, da próxima vez que estiver no meio do caos, perdido, você precisa manter a calma, respirar e tentar enxergar com clareza. Para que encontre uma saída e possa resolver o problema, e não ficar perdido no meio dele. Não é fácil, mas você é capaz. Não deixe que uma chuva de verão acabe com toda a estação. Afinal, as chuvas são necessárias, e depois da tempestade sempre surge o sol.

LEMBRE-SE:
TUDO PASSA.

Não temos CONTROLE

Eu gosto de estar no controle, gosto de fazer planos, gosto de saber o que vai acontecer, faço metas, planejo meus dias e minha vida. Posso dizer que muitas coisas saem como planejado, mas nem todas. Quando a gente menos espera, a vida nos tira do nosso caminho e nos coloca em outro, que não escolhemos, não planejamos e talvez nunca imaginamos. Mas é assim que a vida funciona. Às vezes essa mudança inesperada pode ser boa, abrir os horizontes, nos fazer crescer, mas às vezes pode ser ruim, envolver perdas e sofrimento.

A questão é: não temos o controle de tudo. Podemos, sim, nos planejar e tentar manter em ordem o máximo de coisas possíveis, mas, vez ou outra, as coisas vão sair do eixo. E não adianta bater o pé, tentar voltar atrás, porque são coisas que não podemos mudar. O que podemos fazer então? Primeiramente, ficar calmos! Não é fácil, eu sei, mas só assim vamos enxergar com clareza. Depois, precisamos aceitar o que aconteceu e possivelmente as mudanças que vão ocorrer na nossa vida. E aí então agir, tomar as decisões e providências possíveis naquele momento. Com o tempo as coisas se encaixarão novamente e nos sentiremos no controle de tudo mais uma vez.

Não deixe que isso te impeça de sonhar, de fazer planos e de viver. A vida é imprevisível, mas podemos sempre ter esperança de que coisas boas vão acontecer e de que conseguiremos seguir o nosso caminho, às vezes não aquele que planejamos lá atrás, mas um novo que acabou se tornando o nosso caminho.

CONTROLE O QUE SE PODE CONTROLAR, MAS NÃO SE DESCONTROLE QUANDO PERDER

O CONTROLE.

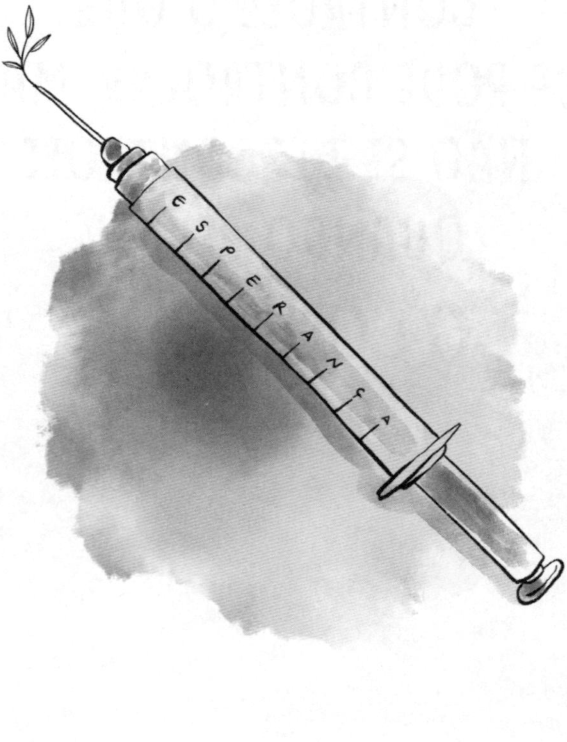
ESPERANÇA

Pandemia

Você já ouviu a frase: "Se você não parar, uma hora a vida te para"? Eu já escutei essa frase de amigos quando estava em um ritmo muito louco de trabalho. Eu mesma já disse isso para algumas pessoas quando elas deixavam a saúde pra depois, por causa da correria do dia a dia. E é verdade. Se a gente não parar pra descansar, se cuidar, uma hora a vida dá um jeito de nos parar. Infelizmente, muitas vezes é através de uma doença, em que realmente não temos escolha.

Agora, o que eu nunca imaginei é que o mundo fosse parar. Quando alguém pensou que a vida fosse parar o mundo? E se o mundo parou é porque estamos fazendo alguma coisa de errado. Essa quarentena que estamos vivendo me fez refletir muito. Sei que nem todo mundo vai aproveitar essa "pausa" para evoluir, mas acho que é isso o que precisamos fazer. Não tem como não ficar mais introspectivo, com tantas incertezas e medos. Mesmo eu sendo uma pessoa muito otimista, me vi perder a esperança muitas vezes.

Parece que vivi dez anos em um, ou que vivi tudo em apenas um mês. O ano de 2020 sem dúvida foi o mais estranho da minha vida, e acredito que da vida da maioria das pessoas. Mesmo com saudade da família, dos amigos, de viajar e até das coisas mais corriqueiras, como sair para comer fora, consegui dar um jeito de me divertir em casa. Mesmo trancada dentro de casa, ainda consegui encontrar assunto para escrever e gravar meus vídeos. Mesmo sem conseguir planejar o futuro, pude realizar alguns projetos. Mesmo tendo perdido pessoas próximas para essa doença, ainda consegui acreditar que tudo ia passar.

Por mais difícil que seja, a gente precisa ter esperança e ser otimista. Como diz a Monja Coen: "Nada é fixo e nem permanente". E não é mesmo, nenhum problema – nem mesmo uma pandemia – vai durar pra sempre. Tudo tem seu ponto-final – por mais que às vezes pareça interminável. Precisamos acreditar que dias melhores virão, porque virão. Escrevo este texto justamente no dia em que a vacina foi aprovada pela Anvisa no Brasil e a primeira pessoa foi vacinada. Parecia que esse dia nunca ia chegar, mas chegou. Agora é continuar com esperança e acreditando que logo teremos vencido essa batalha.

NUNCA PERCA A ESPERANÇA.

(17/01/2021)

Desabafos da QUARENTENA

A grama do vizinho sempre foi mais verde! Ou é a gente que tem mania de acreditar que os outros sempre são melhores e mais incríveis do que nós?

No meio dessa quarentena, já curti, já chorei, já comi, já surtei, já sorri. É muito louco tudo isso que estamos vivendo. Teve um dia em que eu só chorei, estava pra baixo, não conseguia trabalhar e ficava me culpando por não estar produzindo mais, fazendo mais, trabalhando mais.

Entrei nas redes sociais e vi a fulaninha fazendo live todos os dias, a outra com fotos maravilhosas e superproduzidas feitas em casa, alguém dizendo que estava produzindo mais porque agora tinha mais tempo, ou dizendo que já tinha feito quatro cursos, uma pessoa gravando quatro vídeos por dia...

E eu? Eu me encontrava na cama, de pijama, descabelada e sem maquiagem. Então eu pensava: *Vai, Fabiana, reage. Cadê seus mil conteúdos? Por que você não produz mais? Por que você não se esforça mais como a fulana? Olha lá, ela está produzindo bastante!*

Decidi conversar com um amigo, colocar as angústias pra fora, e ele me disse: "Não é hora de ser produtivo, é hora apenas de se manter são e salvo". Conversamos muito, chorei e refleti. Então compreendi que cada um está encarando as coisas de uma forma diferente. Todo mundo está sofrendo, mas cada um encara de uma maneira: uns produzem mais para se manterem ocupados e não pensarem no assunto; outros começam a fazer atividades novas para se manterem ativos; outros choram; alguns se mostram felizes nas câmeras, mas desabam quando as desligam. E sabe de uma coisa? Tá tudo bem.

Somos seres humanos, complexos, diferentes e únicos. Cada um vai absorver as coisas de uma forma. Então parei de me comparar com os outros, parei de querer exigir mais e mais de mim e entendi que era momento de ir com calma, fazer o meu melhor, da forma que fosse possível. E se um dia não for possível, tudo bem, é só mais um dia, outros dias virão.

Decidi escrever este texto, de algo que eu estava sentindo um tempo atrás, porque quero mostrar que às vezes as coisas não estão bem e não precisamos ter vergonha disso. Temos que parar de nos comparar e de nos cobrar tanto. O momento atual é totalmente atípico e temporário. E vai passar.

Beijos pra todos vocês (de máscara e a distância).

NINGUÉM ENCARA
A VIDA E OS PROBLEMAS
DA MESMA FORMA, ENTÃO
NÃO SE COMPARE COM O OUTRO,
E MENOS AINDA COM A FRAÇÃO DO OUTRO
QUE VOCÊ VÊ NAS REDES SOCIAIS.

Era uma vez...

Como será viver na realeza? Eu assistia a todos os filmes de contos de fadas da Disney. Assisto até hoje, na verdade. AMO! E já me peguei imaginando diversas vezes como seria a minha vida se eu fosse uma princesa, igual no filme *O diário da princesa*, em que Mia Thermopolis está vivendo a vida normal dela quando descobre que é princesa e tudo muda. SONHO! Será?

Acho que a parte dos vestidos, coroas, joias e festas seria realmente incrível. Mas agora, depois de adulta, não dá mais pra viver no mundo da fantasia, achando que a vida de uma princesa é tão mágica como nos filmes, né? Afinal, você nunca ouviu falar da série *The Crown*? Ela mostra a vida da Rainha

Elizabeth II, ou Betinha, como prefiro chamar. Não é 100% real, tem um mix de ficção para dar graça à série. Mas nela podemos ver que nem tudo são flores dentro dos castelos. Não existe fada madrinha, nem sempre o povo vai te amar, tem mais fofocas do que na vida normal, não é só festa, tem muito trabalho pra fazer e o príncipe encantado passa longe.

É, meu povo, se nem princesa tem príncipe que preste, o que será de nós? Não adianta beijar sapo nem arranjar príncipe; quando o cara não presta, ele não presta e ponto. Quem viu a série ou conhece um pouco sobre a vida da Lady Di (Princesa Diana) entende que ela é que nem a gente seria se virasse princesa. A menina inocente, que se apaixona e acha tudo mágico. Até que ela se casa e descobre que não existe pó de *pirlimpimpim* que faça alguém se apaixonar por você e te tratar como você realmente merece. A realidade é dura.

Além do mais, outra coisa que princesas não têm é privacidade. Vivem cercadas por *paparazzi*, tudo que fazem vira notícia. Não podem nem pisar na bola. Eu já imagino as manchetes que eu daria: "Princesa Fabi arranca o salto no final da festa e vai descalça para o castelo". "Princesa Fabi recusa o caviar servido para os convidados e pede coxinha." "Princesa Fabi perde a hora da cerimônia de comemoração esta manhã porque passou a noite assistindo à nova temporada de *Grey's Anatomy*." Eu seria um escândalo. Sem falar nas milhares de regras de etiqueta! Eu não consigo nem decorar que talher se usa pra comer o quê.

Acho que as lições que podemos tirar da vida da realeza são: todo mundo tem seus problemas na vida. Não se case com alguém se não for por amor, porque mesmo sem ser uma princesa você merece ser bem tratada e a vida vai muito além dos contos de fadas. Mas não deixe de sonhar!

NÃO ADIANTA BEIJAR SAPO,
NÃO EXISTE PÓ DE *PIRLIMPIMPIM*
NEM MILAGRE QUE FAÇA UM
HOMEM VIRAR PRÍNCIPE.

SE ELE
NÃO TE AMA
E NÃO PRESTA,

CAI FORA.

VOCÊ PODE NÃO SER PRINCESA, MAS
MERECE SER TRATADA COMO UMA.

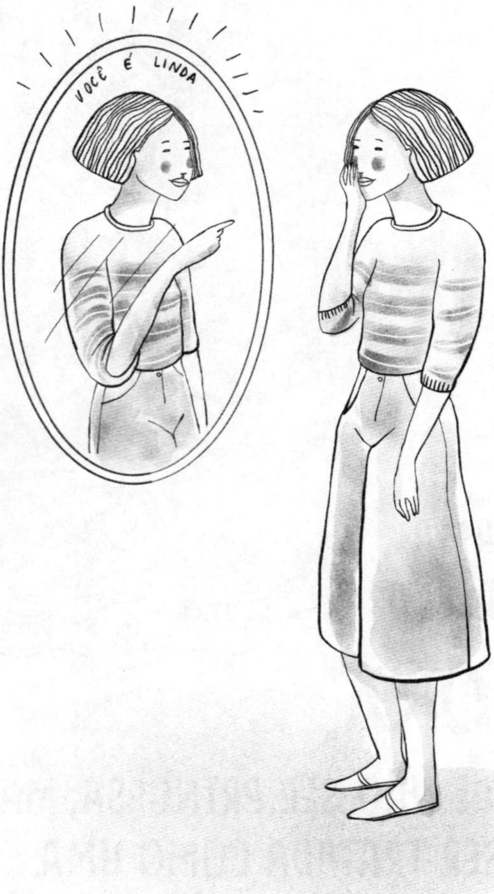
VOCÊ É LINDA

ESPELHO, espelho meu

Espelho, espelho meu, existe alguém mais bonita do que eu?

— SIM, muita gente! — *responde o espelho imaginário na nossa cabeça.*

Por que a gente se compara tanto com os outros? Por que essa fixação em se encaixar em padrões? Nunca estamos satisfeitos com o nosso corpo, queremos sempre perder uns quilinhos ou ganhar alguns, mudar o nariz, colocar silicone e por aí vai. Me responda: quando você se olha no espelho, você ama a pessoa que vê refletida nele? Se sua resposta é "não", isso me preocupa. Se você não se ama, por que alguém vai te amar?

Não precisamos mudar os padrões de beleza, precisamos eliminá-los. Cada um tem seu próprio corpo, sua beleza única. Não somos feitos em máquinas por computadores. Pelo menos, ainda não. Então não somos iguais, não temos os mesmos formatos, cores e tamanhos. E é isso que torna tudo muito mais especial. Imagina que chato seria se todo mundo fosse igual? Barbies e Kens? Ou de um único formato, com uma única cor, cabelo e gênero? Será que aí sim estaríamos satisfeitos com a nossa aparência? Ou iríamos querer ser diferentes, justamente por sermos todos iguais?

Não exija tanto de você e busque sempre por saúde. O seu corpo é a sua casa, é ele que te sustenta, te transporta, mas ele é só a carruagem, porque o que realmente deveria importar é o que está dentro dele. Valorize a sua saúde todos os dias e não só quando está doente. Não se compare com os outros, os outros são os outros e você é você. Seja grato por ser quem é.

Não estou dizendo que há algo de errado em querer mudar, contanto que essas mudanças sejam pra você, e não para se encaixar em um padrão ou para agradar alguém. Agora, faça um favor a si mesmo, se olhe no espelho e diga:

— ESPELHO, ESPELHO MEU, EU SOU LINDA(O), ÚNICA(O) E AMO CADA DETALHE QUE ME TORNA EU.

SINTA-SE LIVRE PARA ACRESCENTAR QUANTOS ELOGIOS DESEJAR, O QUE IMPORTA É VOCÊ SE AMAR.

Para muitos, o embrulho é mais importante que o PRÓPRIO PRESENTE

O corpo está hipervalorizado. Existem milhares de procedimentos estéticos disponíveis para que você possa mudar tudo o que é possível ser mudado no seu corpo: aumentar a bunda, diminuir a barriga, colocar peito, tirar peito, deixar o abdômen "trincado", mudar o nariz, clarear os dentes, afinar o rosto e por aí vai. A lista é longa e é assim que a economia gira. Alguns procedimentos são mais invasivos e perigosos do que outros, mas todos têm o mesmo intuito: fazer com que a pessoa se sinta mais bonita.

Infelizmente a grande maioria das pessoas não está satisfeita com o próprio corpo, muitas vezes por procurar se encaixar em um padrão de beleza que não é viável. E com isso vem a alta dos procedimentos.

Não acho errado você querer mudar algo em seu corpo, longe de mim falar isso, até porque eu mesma já fiz algumas coisas. O problema está nessa supervalorização do corpo, da estética e do padrão. As pessoas se importam mais com as aparências do que com o conteúdo. O corpo de uma pessoa parece valer mais do que o coração. É como se, quando você ganhasse um presente, se importasse mais com a embalagem, reparasse mais nela do que no próprio presente.

O corpo é apenas a nossa embalagem, por dentro nós somos muito mais. Mais que aparências, mais que uma barriga sequinha, mais que padrões, mais que corpos malhados, mais que bocas carnudas. Por dentro nós somos essência, somos amor, somos conhecimento, somos vida. É isso que importa, ou pelo menos é o que deveria importar.

Não estou falando para você não cuidar da sua aparência, apenas quero te fazer refletir. Você tem olhado mais para fora ou para dentro de você e das pessoas ao seu redor? Seus amigos são seus amigos porque são bonitos ou porque eles são parceiros de vida? Você escolheu seu relacionamento pela aparência ou por todos os sentimentos bons que ele te proporciona? Você olha as pessoas de cima a baixo ou as olha nos olhos? Você se olha no espelho para procurar defeitos ou para ver a pessoa incrível que é?

O MUNDO SERIA
TÃO MARAVILHOSO
SE HIPERVALORIZÁSSEMOS
O CORAÇÃO!

Fazendo do limão uma limonada
(OU ATÉ UMA CAIPIRINHA)

Você já parou para pensar que cada um de nós tem um jeito único de ver a vida? Duas pessoas podem viver a mesma situação, no mesmo dia, no mesmo local, nas mesmas condições e ter percepções e sentimentos completamente diferentes da mesma experiência. E por quê? Porque são pessoas singulares. Tem gente que ama chuva, outros odeiam. Uns gostam de gatos, outros preferem cachorros, e tem quem goste de cobras. Gostos, visões, percepções, formas de viver, chame como quiser. O que importa é que ninguém sente, enxerga ou entende a vida do mesmo jeito.

Que tipo de pessoa é você? A que vê o copo meio cheio ou meio vazio? A otimista ou a pessimista? A que tem esperança ou a que acha que nada vai pra frente? A que celebra ou a que lamenta? A que corre atrás ou a que espera acontecer? Independentemente de qual seja a sua resposta, eu te digo uma coisa: quem escolhe ver o mundo da forma como você vê é você, e somente você. Se você encara a situação como um desastre, e não uma oportunidade, é porque você optou por ver dessa maneira.

Todos os dias nós podemos escolher ver o copo meio cheio e fazer de um limão uma limonada. E pode até ser limonada suíça, daquelas bem docinhas com leite condensado, ou uma caipirinha... você que escolhe!

E AÍ, COMO VOCÊ ESCOLHE VER A VIDA HOJE?

Para sempre...

Você se lembra daquela fase gostosa da infância em que tinha milhares de amigos? Os amigos da escola, do prédio, do bairro, do inglês, do balé e por aí vai... Sempre tínhamos um amigo pra brincar e, se não conhecíamos ninguém em algum ambiente, logo fazíamos amizade, simples assim. Eu não sei você, mas hoje posso dizer que tenho poucos amigos. Parece que quanto mais o tempo passa, menos amigos nós temos. Por que será?

Será que nos tornamos pessoas chatas e antissociais? Acho que não, acredito que aprendemos a escolher quem nós queremos ter por perto na nossa vida. Podemos conhecer muita gente, ter vários colegas, mas amigos mesmo são poucos. Aprendemos que amigos não são apenas para momentos de brincadeira e diversão, são pessoas que estarão ao nosso lado também nos momentos difíceis nos estendendo a mão ou falando a verdade quando necessário.

Não quer dizer que os amigos que você já teve e com quem hoje não tem mais contato não foram importantes na sua vida, porque todos eles deixaram algo em você e levaram algo seu com eles. Tenho certeza de que você já teve um amigo que falou: "Seremos amigos para sempre". Mas o tempo passou e vocês nem se veem mais. É aí que descobrimos que o pra sempre nem sempre quer dizer tempo, mas sim intensidade. Foi uma amizade real e verdadeira, que muitas vezes acabou porque vocês cresceram e se tornaram pessoas diferentes, ou simplesmente a distância e a correria do dia a dia fizeram com que vocês perdessem contato.

Sabe de uma coisa? Tá tudo bem. A vida é assim, muitas pessoas vão passar pela nossa vida, poucas vão permanecer, mas isso não tira a importância e o carinho por aqueles que já não fazem mais parte da sua seleta lista de amigos. Agradeço a todos os meus amigos, os que já fizeram parte da minha vida e os que ainda fazem, vocês tornaram minha história de alguma forma mais especial.

AMIGOS

NEM SEMPRE SÃO PRA SEMPRE, MAS O QUE EXISTIU DE BOM FICARÁ ETERNAMENTE GUARDADO EM NOSSA MEMÓRIA.

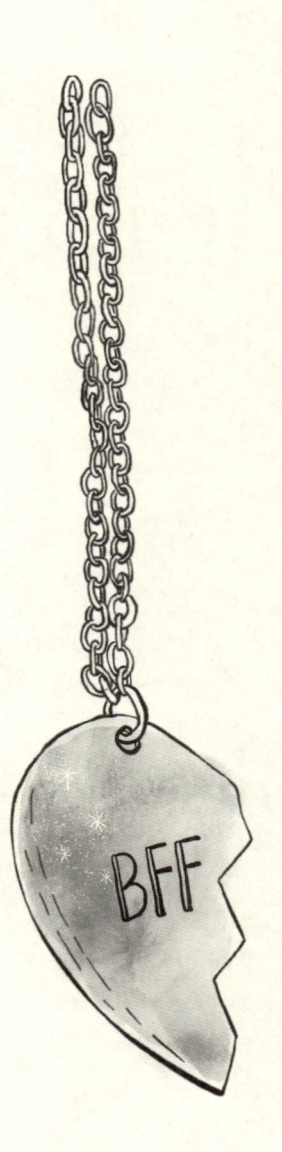

Momentos

A vida é feita de momentos: momentos felizes, momentos tristes, momentos que queremos reviver, momentos que queremos esquecer. Todos são únicos, não podemos vivê-los mais de uma vez. Por isso, viva intensamente, esteja presente na sua própria vida e na vida daqueles que você ama. Nunca sabemos o dia de amanhã.

Sempre me perguntam qual dia da minha vida eu gostaria de viver novamente. Tem vários, na verdade, mas, se eu só pudesse escolher um, sem dúvida seria o dia do meu casamento. Foi o dia mais especial, emocionante, eletrizante e marcante da minha vida. Eu queria poder sentir de novo aquele frio na barriga enquanto esperava as portas se abrirem ao som da marcha nupcial, queria poder rever o rosto do meu marido chorando e me aguardando no altar, queria outra vez sentir o amor de todos os nossos amigos e familiares presentes, comer todas as coisas gostosas, beber os drinques que escolhi a dedo, dançar até não aguentar mais, usar meu lindo vestido de noiva, sorrir até as bochechas doerem, ir embora com gostinho de quero mais e ficar até tarde conversando com o meu marido sobre o casamento para que o dia não acabasse. Mas não fico triste de não poder reviver esses momentos, porque tenho certeza de que aproveitei tudo da melhor forma possível.

Agora, se tivesse que escolher um dia que eu não gostaria de viver novamente, seria uma decisão mais difícil, porque também tem vários. Afinal, nenhum de nós gostaria de reviver algo que nos causou dor, mas infelizmente sabemos que outros momentos difíceis voltarão a acontecer, porque faz parte da vida.

Temos a mania de nos esquecermos de que a vida é finita e imprevisível, de que tudo pode mudar em um piscar de olhos, tudo pode simplesmente acabar. Não estou querendo ser dramática, longe disso, mas acho que é importante termos essa consciência, pois assim damos mais valor ao momento presente.

SEMPRE TEREMOS
A OPORTUNIDADE DE
RELEMBRAR OS MOMENTOS
QUE JÁ VIVEMOS E DE
CRIAR NOVOS, ENTÃO
**FAÇA VALEREM
A PENA.**

Permita-se

Você já percebeu que muitas vezes a gente está tão acomodada a uma situação, que não paramos para analisar se ela nos faz bem ou mal? Nem sequer nos damos ao "luxo" de imaginar que merecemos mais. Logo pensamos: *Não, não. Homem carinhoso não existe. O trabalho que eu amo não é pra mim. Eu não sou capaz de mudar. Pra que arriscar?*

Pois é, pra quê? A gente tem medo da mudança. Medo do desconhecido. Mas você já parou pra pensar que tudo que hoje é cômodo pra você um dia foi desconhecido, algo novo? O seu emprego, por exemplo, no início já foi algo fora da sua zona de conforto. O seu namorado, você nem conhecia, agora já até solta pum na frente dele (ou ainda não, haha). Deu pra entender meu ponto de vista, né? Por que temos tanto medo do desconhecido se tudo que conhecemos hoje já foi desconhecido um dia, e tudo que conheceremos no futuro é desconhecido pra nós hoje?

Porque a gente se acomoda, se sente confortável com rostos familiares, com cortes de cabelo que sabemos que caem bem em nós, com trabalhos que já sabemos como funcionam e por aí vai. Você já se pegou em uma situação em que seu relacionamento não ia bem, sentiu no seu coração que deveria ser tratada de uma forma melhor, sentiu que deveria ser uma relação leve, com mais momentos felizes do que tristes, mas ao mesmo tempo afastou todos esses pensamentos, porque era mais fácil continuar com aquela pessoa que você já conhecia do que ter que começar tudo de novo e ficar solteira? Isso é estar acomodada.

Você merece, sim, ser tratada de maneira melhor. Permita-se encontrar outra pessoa, ser solteira, mudar de emprego, cortar o cabelo. Seja lá o que você tem vontade de fazer e desiste porque é mais fácil continuar no caminho de sempre. Pode ser que o corte de cabelo não fique tão legal como você tinha imaginado, mas tudo bem, cabelo cresce. Mas pode ser que fique I-N-C-R-Í-V-E-L! E você nunca teria descoberto se não tivesse tentado. Pode ser que seu novo emprego seja pior do que o anterior, mas tudo bem, você pode procurar outro. Ou você pode acabar encontrando a oportunidade da sua vida, se você se permitir tentar. Talvez você não encontre o homem da sua vida logo de cara, talvez conheça um embuste, depois outro, mas em algum momento você pode encontrar alguém que te faça sorrir só de te olhar. Isso só será possível se você se permitir tentar.

Claro que em algum momento tudo será cômodo de novo. E não tem problema ser cômodo, desde que seja algo bom, algo que te faça feliz, que seja leve. Só não deixe essa zona de conforto te aprisionar a ponto de você não ter coragem de tentar algo que quer ou acredita merecer. Porque você merece.

Permita-se.

PARE DE TER MEDO DO
DESCONHECIDO,

POIS TUDO QUE
VOCÊ CONHECE HOJE
JÁ FOI DESCONHECIDO
PRA VOCÊ UM DIA.

Podemos juntos vencer UMA BATALHA POR DIA

Às vezes carrego uma angústia dentro de mim que não tem um motivo original. Tento vasculhar qual pode ser a raiz do problema, mas tudo parece me magoar e não encontro respostas. Eu estou cansada de ligar a televisão e ver como a política está sendo feita neste país. Estou cansada de ver as injustiças que acontecem no mundo. Indignada de ver pessoas com pensamentos retrógrados, e triste de saber que nada disso está no meu controle.

Claro que eu posso optar por ficar sentada no sofá calada, vendo tudo isso acontecer e não fazer nada. Mas também posso me levantar, lutar, me posicionar, buscar conhecimento e, de alguma forma, como uma formiguinha, me juntar a muitas outras pessoas que tentam mudar o mundo. Mas aí me pego pensando: *Como? O que fazer primeiro?*

São tantas coisas que precisam ser mudadas, tantos problemas, que parece não ter como ajudar. O mais importante é estarmos dispostos a mudar, aprender e evoluir sempre. Mesmo quando achamos que podemos estar certos, não podemos esquecer que talvez essa seja a nossa verdade, mas isso não quer dizer que é "A verdade". E mudar de opinião, de lado, de ideia não tem problema, desde que você esteja em busca da verdade e do conhecimento.

Parece uma luta que nunca vamos vencer, ou muitas lutas, mas, se cada um fizer a sua parte, podemos juntos vencer uma batalha por dia. Eu sei que nós já temos as nossas batalhas particulares, e parece muito a se pedir, mas pense: você faz parte deste planeta, a não ser que embarque em um foguete e se lance pra bem longe daqui, a galáxias de distância, você tem a obrigação de cuidar da Terra, onde vive.

A vida está uma loucura, parece de ponta-cabeça, em que tudo dá errado. Mas não tem como escolher viver em outra época, seja do passado ou do futuro. Você está aqui, agora, este é o seu presente.

SE VOCÊ QUER
TER UM FUTURO DIFERENTE,
TEM QUE AGIR AGORA, NÃO
AMANHÃ NEM DEPOIS.
AGORA.

Vida em FRAÇÕES

Na era das redes sociais, parece que conhecemos tanto da vida do outro. Vemos a roupa que a pessoa usou, aonde foi, com quem anda, do que gosta. Vemos sorrisos, cores, diversão. Tudo lindo, tudo perfeito. *Nossa, como eu queria ser como ele, ou ter a vida perfeita como a dele*, é o que a gente pensa. Mas será? Será que é perfeita? Perfeição existe?

Não se iluda, as redes sociais mostram uma fração da vida, a que escolhemos compartilhar. A vida é muito mais que uma foto editada no feed, um story de quinze segundos ou até um vídeo de uma hora no YouTube. Vinte e quatro horas não cabem em quinze segundos, nem em uma hora, nem em quinze fotos.

A vida não tem filtro, não tem edição, não tem cortes nem escolhe apenas os melhores momentos.

Existe alguém do outro lado da tela, por trás daquela foto, embaixo daquele filtro. Essa pessoa tem problemas, qualidades, defeitos, momentos bons e ruins como qualquer outra. E, no mesmo dia em que ela postou uma foto sorrindo, pode ter chorado por mil razões. E que bom, que bom que as pessoas são reais, são normais e vão além dos quinze segundos perfeitos. A vida é assim.

Por isso, não se iluda. Do mesmo jeito que você escolhe seu melhor ângulo na hora de fazer uma selfie, as pessoas escolhem a melhor fração do dia ou da vida para postar para o mundo. E tudo bem compartilhar apenas frações, momentos, até porque é quase impossível mostrar tudo. Mas não viva apenas através desse filtro, não se inspire em um feed perfeito como forma de levar a vida. A vida de verdade acontece quando estamos offline.

A VIDA NÃO CABE EM QUINZE SEGUNDOS, NÃO TEM FILTRO NEM EDIÇÃO.

A INTERNET
está tóxica

Tenho o privilégio, ou não, porque isso entrega a minha idade, de dizer que eu vi a internet nascer. A princípio ela era rara, de difícil acesso e bem limitada. Levava horas para buscar uma informação que hoje encontramos em segundos. Não havia milhares de sites, vídeos, imagens e informações disponíveis, e poucos eram os que criavam conteúdos. Mesmo assim era incrível, parecia coisa do futuro. E muito rapidamente ela foi mudando a nossa vida; as cartas viraram e-mails, as enciclopédias viraram sites de busca, as ligações viraram mensagens curtas, as amizades viraram virtuais, e pouco a pouco, sem que nos déssemos conta, tudo estava diferente. Pra melhor, eu diria.

Se você parar pra pensar, tudo aconteceu muito rápido. Com a internet vieram os smartphones e as smart TVs, então surgiu o streaming, que revolucionou a forma como assistimos a TV e filmes hoje em dia, assim como os apps e as redes sociais (YouTube, Instagram, TikTok etc.).

A internet se tornou democrática, qualquer um pode criar o próprio conteúdo online e ainda trabalhar com isso, como eu fiz.

Existem as mais infinitas possibilidades de se criar conteúdo. No início, precisava de grandes máquinas para navegar na internet; hoje está tudo na palma das mãos, às vezes até nos pulsos. As pessoas cuidam dos celulares delas como se cuidassem da própria vida, afinal esses aparelhos guardam a "vida", mesmo que virtual, dentro deles. E compartilhar a vida na internet virou vital: se você não aparece por um dia nas suas redes, todo mundo começa a achar que você não está bem, como se estar online fosse prova de saúde mental.

Mas é claro que, com todas essas revoluções, nem só coisas boas surgiram. A internet deu espaço para o bullying virtual, o linchamento público, os haters, o cancelamento, as ofensas gratuitas, a busca pela vida perfeita que vemos nos feeds harmônicos, o uso desenfreado de Photoshop e filtros nos corpos e nos pensamentos, a necessidade de se fazer presente vinte e quatro horas por dia, a dependência dos celulares, o aumento da ansiedade, a autocobrança excessiva, uma vida acelerada e desenfreada, a superficialidade e a falta de conexões reais.

Tudo sempre tem seu lado bom e seu lado ruim, somos nós que precisamos saber qual é a dose certa para não sermos envenenados.

A internet está tóxica, você tem que tomar muito cuidado com o que posta, pois se interpretarem errado, você será cancelado, sem chance de resposta ou arrependimento. Na internet, não existe mais segunda chance. As pessoas viraram críticas da vida alheia, mesmo que façam o mesmo ou até pior fora da internet. Isso não importa, é como se a internet fosse os olhos da justiça, mas tudo o que acontece fora permanece sem julgamento.

Aprendi que se afastar de tudo isso às vezes faz muito bem. Quando sumo por um dia ou dois, logo já recebo a pergunta: "Tá tudo bem? Tá sumida". Mas a verdade é que quando uma pessoa está feliz e vivendo a própria vida, ela nem tem tempo para postar. Afinal, é preciso se desconectar para se conectar com a vida, com as pessoas que amamos e com nós mesmos. Não tem nada melhor do que passar uma tarde supergostosa com um amigo, em que os dois até se esquecem de mexer nos celulares. Sabe por quê? Porque vocês estavam ali, presentes, conectados.

Não estou falando que a internet é de todo ruim, de jeito nenhum. Eu seria hipócrita se falasse isso, trabalho com internet e não deixo de assistir às minhas séries por nada. Mas se a internet está te fazendo mal, afaste-se por umas horinhas, ou até por uns dias. Você não vai perder seus amigos nem nada muito importante. Agora, se você passar a maior parte do seu dia na internet, sinto muito lhe dizer: você vai perder muito, pois não vai viver de verdade.

TUDO SEMPRE TEM SEU LADO BOM E SEU LADO RUIM, SOMOS NÓS QUEM TEMOS QUE SABER QUAL É A DOSE CERTA PARA NÃO SERMOS ENVENENADOS.

Cancela, CANCELA

"Quem nunca pecou que atire a primeira pedra." Todo mundo erra, isso é fato. Até porque muitas vezes é errando que se aprende. Então por que, nos dias de hoje, quando alguém erra é ridicularizado, apedrejado, cancelado?

Vivemos a cultura do cancelamento. Se alguém falar ou fizer algo que os outros consideram errado, será cancelado. E às vezes a pessoa nem fez nada de ruim, mas se alguém disse que fez, pronto. Até porque, na cultura do cancelamento, não tem tempo para averiguação dos fatos, ninguém quer saber se existe arrependimento e estão pouco se importando se a pessoa vai aprender com o erro ou não. O que querem é calar, silenciar e cancelar.

O engraçado é que muitos dos erros que são considerados passíveis de cancelamento são erros que diversas vezes os próprios "julgadores" cometem. Porém, se ninguém viu, ninguém sabe, ninguém cancela. É quase como: se não foi postado, não aconteceu. Com isso, as pessoas que se expõem na internet precisam tomar cada vez mais cuidado com o que falam, com o que fazem e, principalmente, com o que postam. Porque tudo está sendo avaliado, e o menor deslize é o fim.

Será que em vez de cancelar quem errou nós não deveríamos "ensinar", discutir, ouvir e evoluir? Será que a pessoa cancelada não merece uma chance para se explicar ou para aprender com o erro? Será que o erro que a pessoa cometeu, e que você apontou, não foi algo que você também já fez ou faria?

Engraçado que, num momento em que se fala tanto em empatia, em se colocar no lugar do outro, aceitar as imperfeições, quando alguém erra é "imperdoável", alguém vê o erro e já grita: "Cancela, cancela". E pronto. Então, reflita antes de querer cancelar alguém, pense se amanhã não será você o cancelado.

TENHA MAIS
EMPATIA
PELO OUTRO,
PORQUE UM DIA PODE SER VOCÊ NO LUGAR DELE.

Existe um SER HUMANO

As pessoas se esquecem de que do outro lado da tela existe um ser humano com problemas iguais aos delas. Eu sei que idealizamos as coisas, achamos sempre que a vida do outro é melhor do que a nossa. Famosos, então... achamos que têm a vida perfeita. "A Gisele Bündchen nunca deve ter entupido a privada. Ou melhor, ela nem deve fazer o número 2." "O Neymar nunca deve ter tido um dia ruim, nunca teve motivos para chorar." Pra alguns, isso parece bobagem, mas muitos pensam assim. E tem mais, muita gente pensa que, por essas pessoas serem famosas e terem a vida "perfeita", precisam estar sorrindo e dispostas a atendê-las o tempo todo.

Precisamos lembrar que os famosos, as celebridades, aqueles que estão do outro lado da tela também são pessoas reais, com problemas reais. Não podemos nos esquecer de que, independentemente de alguém ser famoso ou não, somos todos seres humanos. Todos temos defeitos e qualidades, conquistas e problemas, dias bons e dias ruins.

Então, antes de fazer um julgamento, mandar uma mensagem maldosa, ou criticar a vida alheia, tenha empatia, se coloque no lugar do outro e nunca se esqueça de que, independentemente de quem seja, famoso ou não, existe um ser humano ali, com as mesmas fragilidades, inseguranças, medos e problemas que você.

Quem realmente vive a própria vida e é feliz não tem tempo para apontar dedos nem tratar ninguém com desdém, porque tem empatia e sensibilidade de não fazer com o outro o que não gostaria que fizessem consigo. Saiba que fazer mal, criticar e ofender o outro não vai te fazer se sentir melhor nem preencher o vazio que você possa estar sentindo. Então, repense suas atitudes.

REPENSE
SUAS ATITUDES.

Casal PERFEITO

Eu escuto e recebo muito esta frase: "Vocês são um casal perfeito!". Acho muito fofo, mas não somos, longe disso, até porque perfeição não existe. Minha história de amor com meu marido já rendeu dois livros, e neles eu conto justamente como a nossa jornada foi imperfeita, cheia de erros, obstáculos, brigas, imaturidade, falta de amor-próprio e por aí vai. Claro que também tiveram momentos fofos, romance, amadurecimento e superação, até porque, se não fosse por tudo isso, não estaríamos juntos até hoje.

O que eu quero dizer é que todo casal passa por problemas, tem suas diferenças, brigas, discussões, reconciliações, momentos alegres e tudo que faz parte de um relacionamento normal. A vida é uma montanha-russa e os relacionamentos, também; mas com o tempo e o amadurecimento essa montanha-russa passa a parecer menos com um brinquedo radical, cheio de loopings e ladeiras, e mais com um trenzinho de trilho de madeira, que de vez em quando tem umas curvas e umas quedas leves.

Eu e o meu marido temos nossas brigas, temos assuntos com os quais não concordamos, temos gostos e vontades diferentes, e tá tudo bem. Que bom que é assim! Até uma discussão de vez em quando é saudável, sem perder o respeito, é claro.

Temos essa mania de achar os casais da internet perfeitos e, quando eles se separam, ficamos chocados. "Mas como? Eles eram perfeitos juntos." Quem disse? Uma foto deles sorrindo? Um vídeo deles juntos? O que faz a gente acreditar que eles são um casalzão da p****?

A vida de um casal, mesmo um casal que expõe seu relacionamento na internet, acontece quando eles estão a sós. Não tô falando só sobre o que acontece entre quatro paredes, não. Isso também é importante em uma relação, claro, mas vai muito além. A vida a dois é a amizade, o companheirismo, são as palavras de incentivo, as conversas profundas, os momentos de tensão, as piadas internas, o carinho demonstrado no dia a dia, o cuidado com o outro, compartilhar sonhos, demonstrar interesse, se importar e muito mais. Às vezes, mesmo existindo amor entre um casal, o relacionamento se desgasta por pequenas atitudes do dia a dia. Amor não sustenta relação.

Então, ao julgar um casal perfeito, lembre-se de que existe muito mais naquela relação do que você pode compreender. E não compare o seu relacionamento com o de ninguém, porque cada ser é único, e, assim, cada relação também. Eu e o Leandro brigamos e nos estressamos bastante, mas a gente também se diverte bastante, conversa bastante e está sempre tentando melhorar a nossa forma de nos relacionar. É um constante aprendizado, com erros e acertos; às vezes, um tem que ceder às vontades do outro, temos que fazer acordos, precisamos encontrar coisas em comum, e tudo isso sem deixar de sermos nós mesmos dentro da relação. É complicado, é imperfeito, mas é real.

AMOR NÃO SUSTENTA RELACIONAMENTO, E SIM A FORMA DE SE RELACIONAR.

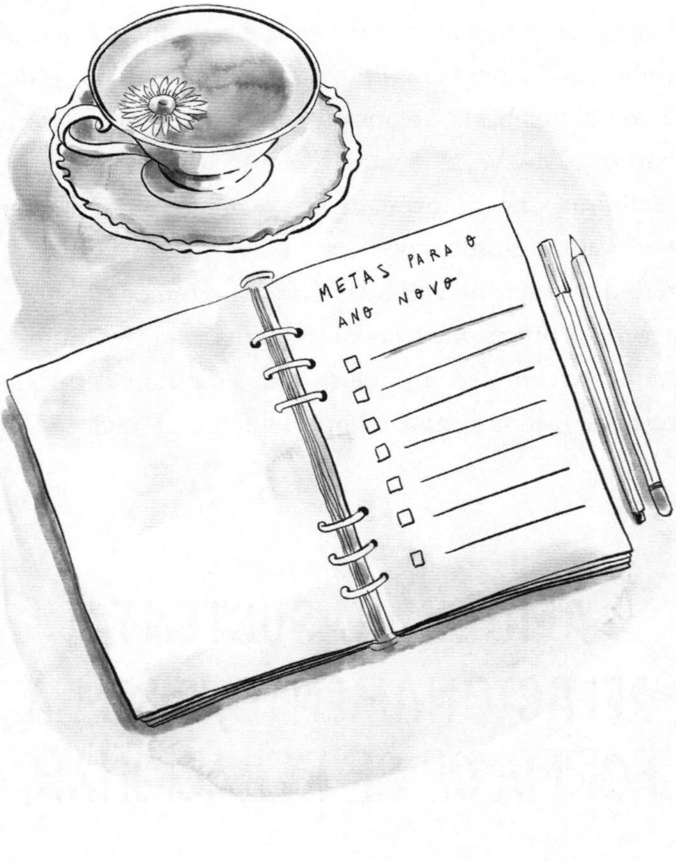
METAS PARA O
ANO NOVO

Viradas

Todo fim de ano é a mesma coisa. A gente reúne a família, uns vestem branco, outros colocam uma roupa íntima de alguma cor especial, estouram champanhe, brindam, assistem aos fogos ou pulam sete ondinhas, outros não comem nada que cisca pra trás, cantam a velha música "Adeus ano velho, feliz ano novo", esperam a virada da meia-noite, bebem, comemoram, festejam. Cada um à sua maneira, com as suas tradições e superstições.

Agora, o que é igual pra todo mundo é a esperança por um ano melhor, a crença de que tudo vai se resolver no novo ano que se inicia. Como se todos os nossos problemas fossem sumir em um passe de mágica, ao badalar da meia-noite. E obviamente não é assim. O ano pode, sim, ser melhor, mas não é essa virada no calendário que fará tudo mudar. Nós, seres humanos, estamos acostumados com ciclos, um dia que se inicia e termina, uma semana, um mês, um ano e por aí vai. E isso é importante, porque nos renova, nos dá esperança, nos faz acreditar e nos dá energia para continuar.

Escrevo este texto no dia 1º de janeiro e estou cheia de esperança, com milhares de planos para o ano que acabou de começar. O ano de 2020 foi terrível em muitos sentidos, então nessa virada, talvez mais do que em todas as outras, eu torci para que tudo mudasse neste novo ano. Sei que não vai ser simples assim, mas não custa nada sonhar. Acho que esse sentimento que nos preenche nessa época de festas é capaz de nos fazer mudar, transformar e evoluir. E isso sem dúvida move o mundo.

Todo início de ano, gosto de me reorganizar, fazer uma limpa no meu guarda-roupa, traçar minhas metas para o ano, pensar em tudo que passou, avaliar meus erros, refletir sobre meu futuro e o que pode ser diferente de agora em diante. Este ano também farei tudo isto, sem dúvidas: pensar no que deixarei pra trás e no que levarei comigo.

E você, já parou para fazer uma limpa na sua vida, refletir sobre seus erros e acertos e reorganizar seus planos? Nunca é tarde para isso, não precisa ser feito apenas na virada do ano, você pode fazer disso a virada da sua vida.

VIRADAS,
CICLOS,
RECOMEÇOS.
APROVEITE AS OPORTUNIDADES PARA SE ENCHER DE ENERGIA E MUDAR SUA VIDA.

PRINCESAS, copos e panelas

É possível ser feliz sozinho? A música do Tom Jobim diz que é impossível, mas eu discordo. A gente foi criado para acreditar em contos de fadas, nos quais a princesa está sempre em busca ou à espera de um príncipe que vai aparecer para salvá-la e só então eles serão felizes para sempre. Mas por que ela não pode ser feliz antes de conhecer o príncipe? E por que ela não pode ser feliz independentemente de um dia conhecer um príncipe ou não?

Outra coisa que colocam na nossa cabeça é que temos que achar a tampa da nossa panela. Que panela? E se eu não quiser ser uma panela? Deveríamos todos ser copos. Sim, copos. Porque podemos ser únicos, podemos ter par e podemos ter um conjunto inteiro.

Mas um copo não precisa de outro copo para ser copo. Ele apenas é um copo. E é um copo completo, feliz, e não a metade dele, como uma panela que não encontrou sua tampa.

Chega de metáforas de princesas, copos e panelas. Vamos falar a real. Precisamos ser inteiros para encontrar outras pessoas inteiras. Não somos metades procurando pessoas pela metade para nos completar.

NINGUÉM COMPLETA NINGUÉM. PODEMOS VIVER E SER FELIZES JUNTOS OU SEPARADOS, MAS CADA UM TEM QUE SER INTEIRO, COMPLETO, POIS ASSIM NÓS NOS TRANSBORDAREMOS QUANDO ESTIVERMOS JUNTOS.

SIM, VOCÊ PODE SIM SER FELIZ SOZINHO. E DEVE.

DE PARAR
a avenida

Você já sonhou com um amor de filme? Daqueles que arrancam suspiros? Provavelmente já, né? Eu sempre fui muito sonhadora e romântica, mas sei bem que comédia romântica é coisa de cinema. Apesar de sonhar, minhas expectativas eram mais realistas. Encontrei o amor da minha vida bem nova e foi amor à primeira vista, coisa de livro, sabe? Haha!

Mas nem tudo foram flores no meu relacionamento, tivemos muitos erros, alguns acertos, brigas e desentendimentos. E, entre idas e vindas, finalmente nos acertamos, encontramos a estabilidade e aprendemos a nos relacionar de forma saudável. Começamos a planejar o futuro juntos, traçar metas, realizar sonhos, comprar nosso lar.

E aí, aconteceu...

O tão sonhado pedido de casamento, que foi muito além do que eu poderia ter sonhado. Foi de parar a avenida. LITERALMENTE. Um *flash mob* começou no meio da Avenida Paulista, com diversos dançarinos. As pessoas que passeavam pararam para assistir. E, de repente, entre os dançarinos, surgiu meu namorado, dançando. Só aí eu entendi o que estava rolando e que tudo aquilo era pra mim. Tive a impressão de que tudo estava em câmera lenta, não parecia real, era perfeito demais, cinematográfico demais.

Não bastasse toda a coreografia, um tapete vermelho se entendeu até mim, meus amigos e familiares apareceram segurando balões em formato de coração vermelho e meu namorado caminhou na minha direção. Um por um, nossos familiares e amigos mais próximos vieram caminhando pelo tapete e me entregaram uma rosa vermelha, até formar um buquê em minhas mãos. Tudo isso ao som da nossa música. Então, meu namorado se ajoelhou, pegou minha mão, abriu uma caixinha, revelando um anel brilhante no meio, e perguntou: "Você aceita se casar comigo?".

E foi assim que o nosso amor, que virou livro, parou a avenida e protagonizou o pedido de casamento mais lindo que eu poderia imaginar em toda a minha vida. Ah... e a resposta, obviamente, foi: "SIM".

DIGA SIM!
Sim ao amor, sim ao romance, sim às amizades sinceras, sim à vida!

Rotina

Sempre escuto as pessoas perguntarem o que fazer para o relacionamento não cair na rotina. Ou, o que fazer para sair da rotina. Mas e se eu te contar que a rotina nem sempre é uma coisa ruim? A gente precisa parar de achar que um relacionamento tem que ser sempre uma aventura, que vai te dar borboletas na barriga pra sempre. Isso é coisa de filme! Vamos falar da realidade?

    O relacionamento cai na rotina, sim, assim como tudo na vida. O que precisamos fazer? Aprender a enxergar a beleza e os momentos bons na rotina. Por exemplo, quando vocês dois estão largados no sofá, assistindo à TV, de pijama, sem make, às vezes até sem banho, e aí um faz uma piada pro outro e vocês riem tanto que chega a faltar o ar. Ou quando você está com cólica no meio da noite e ele se levanta para esquentar uma bolsa de água quente. Isso é amor, isso é relacionamento. Sem frio na barriga, mas também sem frescura.

Não tem nada de errado em querer sair da rotina de vez em quando, dar uma variada, fazer uma viagem romântica, ir para uma aventura, colocar uma lingerie sensual, realizar algum fetiche, mas lembre-se de que isso vai passar e, quando passar, vocês vão voltar pra rotina. Na verdade, essas pequenas doses de adrenalina que a gente sente quando "saímos da rotina" só acontecem porque não fazem parte da rotina, é algo novo, diferente ou único.

Então não ache ruim se seu relacionamento "cair" na rotina. Todo relacionamento longo vive a maior parte do tempo no que chamamos de rotina. Procure os momentos bons dentro de tudo isso: as risadas de tirar o fôlego; os gestos sinceros de carinho; as conversar honestas; o leite condensado que ele comprou porque sabe que você gosta; o cafuné que você recebe quando está deitada no colo dele no sofá; os domingos em que ele não te acordou, para que você pudesse descansar mais um pouquinho; a noite que ele te trouxe chá na cama, porque soube que você teve um dia longo; as vezes que ele te elogiou, mesmo você estando descabelada e de pijama; os abraços apertados e os beijos corriqueiros.

E aí, quando mesmo apreciando cada momento você sentir que precisa de um pouco de frio na barriga, ouse, invente e aproveite.

O AMOR
NÃO É SENTIR
FRIO NA BARRIGA
PRA SEMPRE, MAS TER
UM RELACIONAMENTO
SEM FRESCURA E ENCONTRAR
OS MOMENTOS DE CARINHO
NO MEIO DA ROTINA.

Saia do PLANEJAMENTO

Um dos dias mais legais da minha vida foi um que eu me deixei levar. Larguei os planos, ignorei os contratempos e vivi. A gente vive a nossa vida seguindo rotina, planejamentos, metas e às vezes deixa de lado a espontaneidade. Planos são importantes, mas deixá-los de lado de vez em quando faz um bem que você não pode mensurar.

Logo que fiquei noiva, eu e meu marido fomos para a Itália. Uma viagem que ele planejou de surpresa para mim. Isso por si só já era incrível, uma viagem surpresa. No aeroporto, comecei a pesquisar todos os pontos turísticos das cidades que iríamos visitar, porque em viagens eu gosto de me organizar para aproveitar o máximo possível. Tô errada? Acho que não. Mas ainda assim...

Todos os dias nós acordávamos cedo e seguíamos por uma lista de pontos turísticos que eu havia pesquisado e selecionado. Mesmo com tudo quase que roteirizado, a gente curtiu muito. E saímos do roteiro vez ou outra, pra fazer o que a gente tinha vontade, como tomar um sorvete, sentar e apreciar um vinho na praça e coisas assim. Mas nada que nos desviasse muito do planejado.

Até que, passeando por Roma de mãos dadas, vimos um lugar que alugava Vespa (aquelas motos fofinhas, tipo *scooter*). Um olhou para a cara do outro e pegamos um panfleto. Fomos para o hotel dormir, mas não sem antes entrar no site para descobrir como fazíamos para alugar uma daquelas. Então, no dia seguinte, fomos até a loja e alugamos uma Vespa vermelha. Saímos pelas ruas, com meu marido no volante e eu na garupa. O destino? Nem a gente sabia. Nos perdemos, tomamos chuva, fizemos muitas fotos e demos muitas risadas. Saímos completamente do planejamento, mas nos divertimos como nunca. Esse com certeza foi um dia que eu nunca vou esquecer, porque nos deixamos viver.

**SAIA DO PLANEJAMENTO
DE VEZ EM QUANDO
E VIVA.**

Medos

Quais são seus medos? Pode falar, eu sei que você tem algum, ou muitos. Todo mundo tem medo de alguma coisa. Pode ser medo de barata, de altura, de morrer, do desconhecido, da vida e por aí vai. Existem medos mais tranquilos e que até são para a sua segurança, mas alguns são irracionais e te paralisam, te travam e te impedem de viver.

    Vou contar um medo meu e como eu o superei (ou talvez ainda esteja no processo de superá-lo). Eu tenho medo do mar, medo não, PAVOR. Acho o mar lindo, coisa de Deus e da natureza, com suas águas salgadas, as ondas branquinhas e o azul infinito. Mas é só eu colocar os pezinhos na água (na verdade, qualquer água: mar, lago, rio... menos piscina), que um medo aterrorizante surge dentro de mim.

Não sei a origem disso, porque quando eu era pequena, vivia no mar, amava pegar ondinha, ver peixinhos e ficar na água. Nada aconteceu, pelo menos nada de que eu ou a minha família nos lembremos, mas quando cresci, cresceu junto esse medo dentro de mim. E é um medo do mar em si, da sua imensidão, da sua força, dos bichos desconhecidos e conhecidos que vivem nele, medo de me afogar (eu sei nadar, mas no mar o perigo existe); enfim, medos!

Mesmo assim, não deixei de entrar no mar, sempre que ia à praia entrava na água, mas sempre acompanhada e sem ir muito para o fundo. Não posso sentir nada encostar na minha perna que já grito e entro em pânico. Quando ia para viagens que tinham mergulho, se era um local que valia a pena, eu tentava, de *snorkel*, com colete salva-vidas, e sempre de mãos dadas com alguém, de preferência meu pai ou meu marido.

Nem todas as vezes dava certo. Me lembro de uma vez que eu estava em Búzios, de mãos dadas com o meu marido e dessa vez não tinha colete, eu estava vendo alguns peixinhos, com medo, mas tentando manter a calma. Até que escutei alguém do barco falar: "Olha ali, as tartarugas". Eu nem vi a tartaruga, nem sei se ela estava perto de mim, se era grande ou pequena, eu só sei que me desesperei, comecei a bater pernas, braços, a chorar e a me apoiar no meu marido, que teve que me chacoalhar e gritar: "Mor, você vai me afogar. Se acalma e vamos nadar até o barco". Eu estava tão desesperada que quase afoguei nós dois. Saí do mar e vi as tartarugas em segurança, fora d'água.

Já fui para vários lugares lindos, inclusive para as barreiras de corais na Austrália. Não quis fazer o mergulho de cilindro, acho que nem se me pagassem eu teria ido, porque se já tenho medo do mar, que dirá do mar da Austrália, que tem os bichos mais perigosos do mundo. Mas, tentando ser corajosa, fiz o mergulho de *snorkel*, ou tentei. Pedi para a instrutora ir de mão dada comigo, expliquei meu pânico para ela e fui. Não se passaram cinco minutos, que no momento pareciam horas, tive uma crise, comecei a chorar e saí da água.

Até que um dia, eu estava em Maracajaú, no Rio Grande do Norte, com meu marido e a família dele. Fomos para uma plataforma no meio do mar, de onde as pessoas entram na água para fazer mergulho, tanto de *snorkel* quanto de cilindro. Cheguei lá sem saber se eu ia ao menos entrar na água. Depois de ver tantas pessoas no mar, crianças e famílias, criei coragem para entrar, com colete e *snorkel*, para tentar ver alguns peixinhos. Fui de mãos dadas com meu marido, óbvio, e sem sair de perto do barco. Pensava: *Respira com calma, respira com calma.* Aos poucos fui me tranquilizando, me sentindo mais "segura", consegui soltar as mãos, fui nadando, me afastei mais do barco, cheguei perto de vários peixes. Era tudo lindo e eu não estava apavorada. Fiquei vendo as pessoas de cilindro afundando e se afastando de mim.

Depois de bastante tempo na água, saí para descansar um pouco, mas continuei observando as pessoas indo e voltando do mergulho de cilindro. Um instrutor viu que eu estava curiosa e perguntou se eu queria tentar, experimentar. Eu disse que não, que morria de medo. Ele explicou que eu poderia só vestir o equipamento para sentir como era, sem soltar do barco, só aprender a respiração. Então pensei: *Por que não?*

Entrei novamente na água com meu marido, mas dessa vez toda equipada, pé de pato, cilindro, óculos e tudo. O instrutor foi me explicando o que fazer, então coloquei o rosto na água e comecei a praticar a respiração, não era difícil. Fiquei tranquila, quando me dei conta eu já estava no fundo do mar, de mãos dadas com o instrutor. EU estava no fundo do MAR, fazendo mergulho de cilindro. Dá pra acreditar? Eu não estava acreditando. Fomos nadando, vi diversos peixes, passamos por um barco naufragado, encostei a mão nas correntes e na areia.

Era lindo, silencioso, incrível. Uma paz me preencheu. Eu olhava para os lados e só via um azul sem fim. Não senti medo, não paralisei. Vivi o momento. Naquele dia, superei meu medo, me deixei viver, me esqueci das preocupações. Não posso dizer que esse medo não existe mais, porém melhorou muito. Ainda entro com receio no mar e faço mergulho de mãos dadas com alguém, mas não deixo de fazer ou de tentar. Até mergulhei de *snorkel* na beira de um abismo de corais nas Maldivas, onde tinham milhares de peixes, tubarões (embora só tenha visto os *babies*, sei que tem os grandões por lá também) e arraias. Foi lindo, era imperdível e deu um friozinho na barriga quando vi um pequeno tubarão, mas não entrei em pânico.

TODO MUNDO TEM MEDO DE ALGUMA COISA.

NÃO DEIXE SEU MEDO TE PARALISAR, TE IMPEDIR DE VIVER EXPERIÊNCIAS INCRÍVEIS. PROCURE AJUDA, TERAPIA, UMA MÃO PARA SE SEGURAR.

E, SE FOR O CASO,
VÁ COM MEDO MESMO.

DESCULPA!

Por que algumas pessoas têm tanta dificuldade em dizer essa palavra? Não sei por que, sempre tive facilidade – até demais, eu diria – em me desculpar com os outros. Sempre peço desculpas por coisas que fiz, até quando não fiz. Não gosto de ficar brigada com ninguém, então chego a tomar a culpa da briga pra mim só para pôr um fim na situação, dizendo: "Desculpa". Isso é errado, e eu sei. Mas não consigo entender como uma pessoa, mesmo sabendo que magoou ou feriu alguém, é capaz de guardar essa palavra pra dentro, deixando o orgulho se sobrepor.

Também pode acontecer de alguém te ferir por algum comentário ou alguma atitude que pode até parecer boba, mas que no fundo só você sabe quanto doeu. Nesse caso, a pessoa não tem obrigação de saber, claro que não, cada um vê o mundo de um jeito, cada um tem as próprias feridas. É sua obrigação mostrar para ela que aquilo te fez mal. Mas e quando, mesmo assim, a pessoa prefere rebater, argumentar e provar por A mais B que tudo foi exagero seu e que você deu motivos para tal comentário? Então você tem direito de ficar chateado, por mais bobo e simples que o problema possa ser. A vida é sua e você a interpreta como quiser.

Se quiser chorar, chore! Faz bem, lava a alma. Viver chorando não é legal, mas, de vez em quando, pôr pra fora é deixar transbordar a dor que não cabe mais ali dentro. Não se envergonhe disso, todo mundo chora, a gente nasce chorando, é natural da nossa existência.

Pare de tomar a culpa pra você, mas nunca pare de pedir desculpa. Quando digo isso, não é para pedir da boca pra fora, é de verdade, com intenção de ser perdoado por quem você possa ter magoado. Mesmo que tenha sido a pessoa que te magoou e que ela é quem te "deva" desculpas, peça você também. "Mas, Fabi, eu não fiz nada!" Peça mesmo assim, você nunca sabe o que se passa na alma do outro; às vezes você o feriu de alguma forma e ele resolveu retribuir te ferindo de volta.

Pedir desculpa não arranca pedaço, pelo contrário, cicatriza feridas, pra quem recebe e pra quem dá. Experimente pedir desculpa!

SE QUISER CHORAR, CHORE!

FAZ BEM, LAVA A ALMA. VIVER CHORANDO NÃO É LEGAL, MAS, DE VEZ EM QUANDO, PÔR PRA FORA É DEIXAR TRANSBORDAR A DOR QUE NÃO CABE MAIS ALI DENTRO.

Energia

Tem coisas e pessoas que roubam a nossa energia. Parece que está tudo bem, você tem seus afazeres do dia, seu relacionamento está mais maduro do que nunca, mas algo ou alguém consegue sugar a sua força. Levantar da cama parece um fardo, o seu corpo parece mais pesado, cada tarefa parece exaustiva demais. Mas, mesmo assim, você se levanta e tenta lutar contra essa força que te puxa pra baixo.

Não sei se você acredita em energia, mas eu sim. Acredito que todos nós temos a nossa própria energia, sendo ela boa ou ruim, e, quando nos aproximamos de outras pessoas, nós trocamos essa energia. Você nunca teve a sensação de se sentir muito cansado, sugado, depois de se encontrar com alguém que é superpessimista, pra baixo, com pensamentos negativos? E a mesma coisa acontece ao contrário: quando você se encontra com alguém alto-astral, positivo, se sente revigorado depois.

Pra mim, a nossa energia oscila com o nosso humor e os nossos sentimentos. E acredito que ela também é sugada por inveja, olho gordo e pessoas nos desejando o mal. Por isso é muito importante escolher quem são as pessoas que queremos ter por perto na nossa vida, porque podem nos puxar pra baixo ou pra cima. Se distanciar de alguém que te faz mal, por mais difícil que possa ser – porque às vezes amamos as pessoas que nos sugam –, só vai te trazer benefícios.

Mas não se esqueça de que você também transmite energia para os outros.

VOCÊ QUER SER
ÂNCORA OU ALAVANCA
NA VIDA DAS PESSOAS
AO SEU REDOR?

Nunca se sabe

Só quando perdemos alguém nos damos conta da brevidade da vida. Um dia a pessoa está aqui, alegre e sorrindo, e no outro: "puff". Se foi! Muitas vezes sem aviso, sem adeus. E dá pra gente divagar muito sobre o que vem depois do "puff", depois do fim. Cada um tem sua teoria, sua crença. Uns acreditam em céu e inferno, purgatório, vida após a morte, reencarnação e por aí vai. Mas vamos falar dos que ficam? Dos que perderam alguém, mas continuam vivos?

Já fui a alguns enterros na minha vida. E, pra mim, a sensação horrível que me embrulha o estômago e parece esmagar meu coração não é ver a pessoa falecida no caixão, até porque ela já não está mais ali. O que realmente mexe comigo é ver o sofrimento dos outros que continuam vivos e saber que eu não posso fazer nada para confortá-los, saber que nunca mais verei aquela pessoa novamente. E é isso, a verdade mais nua e crua. Não há como confortar quem perdeu alguém. Por mais carinho que possa dar, não tem como você evitar que a pessoa sinta a dor do luto e você tem que aceitar que nunca mais verá quem se foi.

Muitas vezes a gente esquece que pode perder alguém a qualquer momento, pela idade, por uma doença, por um acidente. E não importa como for, nunca estaremos preparados para essa perda; mesmo sabendo que a pessoa está sofrendo ou que já estava idosa demais, nós sempre vamos querer mais tempo com ela na Terra. Egoísmo da nossa parte, talvez. O tempo com alguém que a gente ama nunca vai ser o suficiente, sempre vamos querer mais.

Acho que o mais importante que podemos aprender sobre o tempo é que não importa a quantidade de horas que passamos com alguém, mas sim o que fazemos com esse tempo. Você pode ficar a tarde toda no celular conversando com as amigas enquanto estiver visitando seus avós, por exemplo, ou você pode passar esse tempo conversando e realmente conhecendo eles. Entende como você escolhe como aproveita esse tempo? Dez minutos de brincadeira com seu filho vão ser mais importantes pra ele do que horas assistindo à TV com você no mesmo ambiente.

A vida é muito curta. Clichê, eu sei, mas é verdade. Outro clichê? A gente só tem uma certeza na vida: a de que vamos morrer um dia. Outra verdade. Então vamos aproveitar o tempo que temos com as pessoas que amamos enquanto elas ainda estão aqui, porque hoje pode ser sua última chance. Nunca se sabe.

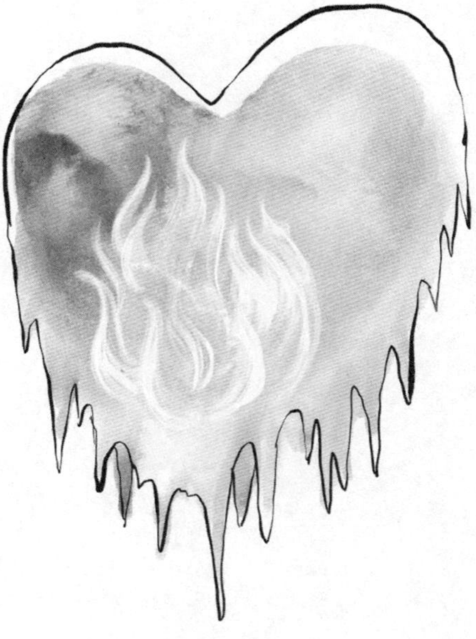

Coração
DE GELO

Frozen, é você?

Tenho alguns amigos que me chamam de "coração de gelo". Isso até me magoa de certa forma, porque não sou. Na verdade sou uma pessoa bem intensa, cheia de sentimentos, explosiva, sensível. Só não demonstro. Tudo acontece aqui dentro, enquanto por fora estou bem. Não sei por que sou assim, apenas sou.

Claro que, quando estou de TPM, não tem lágrima contida, fica tudo à flor da pele. Até demais, porque fico emotiva por coisas que nem fazem muito sentido. Acho que acaba sendo uma válvula de escape, uma forma de colocar pra fora todos os sentimentos reprimidos de uma vez só.

Precisamos compreender que cada um tem a sua forma de se expressar. Uns falam coisas bonitas, outros se abraçam, uns choram fácil, outros se mantêm firmes, mas estão ali para o que der e vier.

Eu gosto de me ver assim, como uma rocha. Posso parecer gelada por fora, mas por dentro sou cheia de magma, quente e intensa. Estarei sempre ali, posso ser um apoio caso você precise, posso te dar força e no fundo estarei sentindo tudo com muita intensidade, mas vou deixar essa parte guardada só pra mim.

Mas cuidado se você estiver por perto nos meus dias de TPM, ou se forçar a barra demais, porque pode acabar presenciando uma erupção desse vulcão adormecido, que nunca foi de gelo, só pouco compreendido.

NEM TODO MUNDO É UMA MANTEIGA DERRETIDA, E DESDE QUANDO CHORAR É SINÔNIMO DE TER UM BOM CORAÇÃO?

No silêncio de UM ABRAÇO

Nunca fui uma pessoa de muito contato pessoal, de ficar abraçando e beijando os amigos e familiares o tempo todo. Sem contar aquele abraço com um beijinho na bochecha, para cumprimentar as pessoas, que é mais um "bate bochecha" do que realmente um beijo. Esse não conta. Não sei muito bem por que, mas sempre foi assim na minha família, nunca fomos de trocar carinhos, mesmo nos amando muito. Acho que cada um tem uma forma de expressar seus sentimentos.

Até que eu conheci alguém que tinha o melhor abraço do mundo. Sabe aquele abraço que te faz se sentir em casa, mesmo estando em qualquer lugar do mundo? Abraço que acalma, que acolhe e conforta. Viciei tanto nesse abraço que me casei com ele. Não posso dizer que nos abraçamos todos os dias, porque tem dias que dormimos de costas um pro outro, o que acontece na vida de qualquer casal. Mas, quando a gente se abraça, os nossos corações ficam bem pertinho um do outro e até conseguem conversar.

Com o tempo fui me tornando uma pessoa que abraça mais; mesmo que isso ainda seja algo muito difícil para mim com algumas pessoas eu tento abaixar um pouco os meus muros. Não são todos os amigos que conseguem ultrapassar essas barreiras, mas os que conseguem têm um lugar guardado no meu coração.

E mesmo que eu não consiga falar para alguém tudo o que realmente sinto, quando eu abraço, bem forte e apertado, com os corações pertinho, tento de alguma forma, no silêncio de um abraço, transmitir todo o meu amor e carinho.

Sintam-se abraçados por mim.

DURANTE UM
ABRAÇO
OS CORAÇÕES SE APROXIMAM E, MESMO SEM DIZER UMA PALAVRA, VOCÊ CONSEGUE TRANSMITIR TODO SEU CARINHO.

Existem sonhos que **são tão reais,** que mesmo depois de acordar a gente ainda se questiona se foi mesmo um sonho ou se foi real.

Eu ABRI os olhos e...

Eu estava na farmácia. Primeiro dei aquela enrolada, caminhei pelos corredores como se procurasse alguma coisa, até que finalmente entrei no corredor onde ficavam os testes de gravidez. Olhei rapidamente para as opções e peguei dois testes. Sempre bom garantir, né? Vai que o primeiro dá errado. Fui até o caixa, me senti julgada pela mulher que passava as minhas compras, mas nem liguei.

Cheguei em casa e a primeira coisa que fiz foi ir até o banheiro. Minha menstruação estava atrasada havia mais de uma semana, eu só podia estar grávida. Tentei me manter calma, mas era nítido que eu estava eufórica. Abri a caixinha, peguei o primeiro teste, me sentei na privada, reli as instruções umas duas vezes, como se já não soubesse o que fazer. Fiz o xixi no palitinho, coloquei ele sobre a pia e fiquei sentada por uns cinco minutos, aguardando o resultado. A ansiedade subia dentro de mim, minhas mãos suavam, eu sentia que se visse o que eu esperava ver, meu coração ia explodir.

Peguei o teste e lá estavam os dois risquinhos. Era real, eu estava grávida. GRÁVIDA. GRÁVIDA. Eu ficava repetindo pra mim mesma, como se precisasse falar para acreditar. A felicidade não cabia em mim. E então me veio um leve choque e uma dúvida: *Como vou contar para o meu marido?* Comecei a tentar imaginar possibilidades. Eu já tinha pensado nisso diversas vezes, mas queria que fosse algo especial, e, ao mesmo tempo, eu só queria poder abraçá-lo e contar logo.

Então peguei o carro e fui até uma loja de bebê perto de casa, comprei um sapatinho azul-marinho minúsculo, a coisa mais fofinha deste mundo, e voltei pra casa. Montei meus equipamentos de filmagem na frente da estante da sala, como se fosse gravar um vídeo, arrumei a luz, coloquei a câmera no tripé, liguei o microfone e tudo. Quando ele chegou em casa, me olhou com uma cara de interrogação.

— Mor, quero gravar um vídeo com você. Tô sem vídeo para o canal. Topa? — perguntei, passando naturalidade.

— Topo. Mas que vídeo?

— Senta aqui. Você vai ficar vendado e eu vou te dar objetos nas mãos para você descobrir o que é. Beleza?

— Tá bom.

Ele se sentou, eu o vendei e comecei a gravar o vídeo como normalmente começo para o meu canal, fiz a introdução: "Oi, pessoal. Tudo bom? Começando mais um vídeo pra vocês. Não se esqueçam de se inscrever no canal e deixar um joinha no vídeo". Depois expliquei como seria a dinâmica do vídeo e peguei o primeiro objeto, uma banana, e entreguei nas mãos dele. Ele não precisou nem de dois minutos para descobrir. O segundo objeto era uma Torre Eiffel em miniatura, ele passou os dedos pelos detalhes e logo descobriu o que era. Então dei o sapatinho nas mãos dele e aguardei ansiosa, com as minhas mãos na barriga. Ele pegou e começou a analisar, virou de um lado, de outro, cheirou, passou os dedos pelo cadarço. E a expressão dele começou a mudar. Ele começou a compreender, abriu um sorriso bobo e disse:

— É um sapatinho de neném. Mas pera. Você tá... — ele tirou a venda e me viu com as mãos na barriga e os olhos cheios de lágrimas — grávida?

Eu abri os olhos e acordei. Com as mãos na barriga, deitada na cama. E tudo não havia passado de um sonho.

Vontade de SER MÃE

Eu me lembro de cada teste de gravidez que já fiz, cada menstruação atrasada. Aqueles cinco minutinhos de espera para saber o resultado do teste de farmácia, e eu torcendo para dar negativo. Já começava a imaginar todos os meus planos indo por água abaixo, uma vida inteira de realizações pela frente, sonhos perdidos. Mas, ufa... foi só mais um susto.

Até que um dia, com mais um resultado negativo nas mãos, me peguei olhando para o teste pela primeira vez... triste. Ué? *O que é que está acontecendo? Eu queria estar grávida? Mas, Fabiana, ainda não é hora. Eu sei, eu sei, mas tô triste. O que mudou?* Até hoje não sei, mas daquele dia em diante passei a sonhar com esse momento, como se um botãozinho da maternidade tivesse sido ligado na minha cabeça.

Eu queria engravidar, mas ao mesmo tempo ainda não era hora, faltavam poucos meses para o meu casamento acontecer, eu ainda tinha muitas parcelas do meu apartamento para pagar, sem falar naquele mochilão que sempre sonhei em fazer. Mas parece que a vontade de ser mãe simplesmente veio com tudo e se tornou maior do que qualquer um dos meus planos. Eu desejava isso, mesmo que secretamente.

E lá estava eu de novo, menstruação atrasada havia três semanas. *Será que é agora?* Meu marido voltou da farmácia com o teste na mão e me entregou. Mas era tarde, achei melhor esperar para fazer de manhã. Nos sentamos no sofá imaginando, será que tinha um bebê dentro de mim? Meu marido chegou bem perto da minha barriga e gritou: "Ei, tem alguém aí?". Rimos muito. *Mas será?* No dia seguinte fui ao banheiro fazer o teste e mais uma vez: negativo. Fiquei decepcionada, mesmo sabendo que não era o momento ideal para engravidar. Então engoli a frustração, saí do banheiro e disse para o meu marido: "Não foi dessa vez".

Eu sei que tudo acontece no tempo certo. E, mesmo sabendo disso, temos a mania de querer tudo pra ontem. Mas parece que essa vontade de ser mãe que surgiu do nada dentro de mim está mais forte a cada dia. Me pego assistindo a vídeos de grávida; choro vendo partos; quando uma amiga me conta que está grávida, eu pulo de alegria e fico imaginando como será quando for a minha vez. Já imaginei dentro da minha cabeça como vou contar para o meu marido, para a minha mãe, para a minha irmã. Já consigo me ver montando o quartinho, acariciando a barriga. Mas por enquanto é só isso, só essa vontade de ser mãe...

Boa mãe?

Será que serei uma boa mãe? Às vezes fico me perguntando isso. Serei durona, mas não durona demais. Serei amiga, mas não o tempo inteiro. Colocarei limites, mas serei flexível. Serei parceira, mas darei broncas. Vou ser alavanca, mas também quero ser porto seguro. Como saber dosar? Como encontrar o equilíbrio? Será que existe uma mãe perfeita? O que é ser uma mãe perfeita?

A minha mãe foi maravilhosa, mas teve seus momentos imperfeitos. Trabalhava demais e perdia momentos de lazer, mas estava dando duro para nos proporcionar tudo do melhor. Era rígida para algumas coisas, flexível para outras, e sempre foi alavanca. Alavanca no sentido de acreditar nos nossos sonhos e no nosso potencial. Ela me ensinou muito e ainda ensina. Sem dúvidas aprendi demais sobre como ser uma boa mãe com ela.

Mas... será que estou preparada para essa tarefa tão especial que é criar e educar um ser humano? A mãe gera, dá à luz, dá a vida, cria, ama, educa, ensina, dá carinho, dá amor e tantas outras coisas. Ser mãe é uma tarefa divina, é amor incondicional. É amar alguém mais do que a si.

Não estou querendo romantizar a tarefa de ser mãe, sei que tem o lado difícil, as horas de sono perdidas, as estrias, o peito doendo, as dores de cabeça, o estresse e tudo que vem junto no pacote maternidade. De jeito nenhum, sei de toda essa responsabilidade, e é justamente por isso que me questiono: *Será que eu serei uma boa mãe?*

Não sei responder essa pergunta, porque existem coisas que a gente só sabe e aprende vivendo. Mas de uma coisa eu sei: estou pronta para viver tudo isso e darei o meu melhor, porque no final das contas o que importa é o amor. E eu já amo minha filha que ainda nem nasceu.

Você já se pegou pensando nisso?

(Sendo mãe ou ainda não. E isso vale para os pais também.)

PODEMOS SER PERFEITOS COM AS NOSSAS IMPERFEIÇÕES.

Mais um NEGATIVO

Você já quis muito, muito, muito uma coisa, mas só se deu conta do quanto realmente queria aquilo com todo o seu coração quando não conseguiu? Hoje, depois de ver o resultado negativo – que torci tanto, tanto para dar positivo –, eu perdi o chão. Fiquei com raiva! Raiva do mundo, raiva de mim, raiva de tudo. E, ao mesmo tempo, uma onda de choro me atingiu com força, mas eu a engoli.

    Ainda não quero chorar, quero ser forte, quero fingir que o resultado não me abalou e que está tudo bem, afinal mês que vem posso tentar mais uma vez. E se eu me mantiver firme, não chorar, quem sabe eu acredite que está tudo bem? Mas estou triste, de todo o meu coração, porque só eu sei o desejo que habita em mim. Só eu sei a dor que senti quando vi o negativo na minha frente.

Por que temos essa mania de querermos parecer fortes, de esconder nossas vulnerabilidades? Por medo do julgamento? Talvez. Julgamento de quem? De nós mesmos ou dos outros? Frustrações fazem parte da vida, nem tudo acontece como a gente gostaria e temos que aprender a lidar com isso. Mas tem coisas que mexem mais com a gente do que outras, e tá tudo bem.

Chorar alivia, tranquiliza e reequilibra nossas emoções. Não tenha vergonha de chorar. Estou falando isso pra você, mas principalmente pra mim. Não precisamos ser fortes o tempo todo, podemos deixar as emoções falarem mais alto quando elas ardem dentro de nós. E chorar não é sinal de fraqueza. Chorar é humano, se frustrar é natural.

E os julgamentos? Deixe-os de lado, só você é capaz de entender seus sentimentos, desejos e anseios. A vida é sua e não cabe a ninguém julgar. Se for possível, continue correndo atrás do seu sonho, que uma hora você chega lá. Uma hora, o positivo vem.

CHORAR FAZ BEM, VOCÊ DEIXA TRANSBORDAR O SENTIMENTO QUE NÃO ESTÁ MAIS CABENDO DENTRO DO PEITO.

Família

Outro dia me peguei perguntando pra Deus: *Por que eu fui escolhida pra fazer parte desta família?* Estávamos todos sentados na sala, conversando sobre a vida, e minha mente foi longe tentando entender como Deus escolhe as pessoas que farão parte da nossa vida. Amo a minha família do jeitinho que ela é, com suas brigas, almoços de domingo, falação, imperfeições e qualidades. Ela é única, disso eu tenho certeza, toda família é.

Nem todo mundo ama a família biológica, alguns montam suas famílias ao longo dos anos. A vida é assim, com suas peculiaridades. Mas depois de adultos nós podemos ter como família aquela em que nascemos (ou a que criamos) e ainda adicionar pessoas a ela, como meu marido, por exemplo.

A família, sem dúvidas, é o nosso porto seguro, a nossa fonte de força e coragem para encarar o mundo. A minha me faz reconectar comigo mesma, com a minha infância, e me dá muito carinho. Depois dessa pandemia, eu me aproximei ainda mais da minha família, percebi quanto é importante estar perto e presente. Às vezes, na correria do dia a dia, não temos tempo para as pessoas que amamos. Mas a vida não nos dá tempo extra, nós é que precisamos aprender a administrar nossas prioridades.

O tempo voa.

A VIDA NÃO
NOS DÁ TEMPO EXTRA,
PRECISAMOS APRENDER
A ADMINISTRAR
O TEMPO QUE TEMOS.

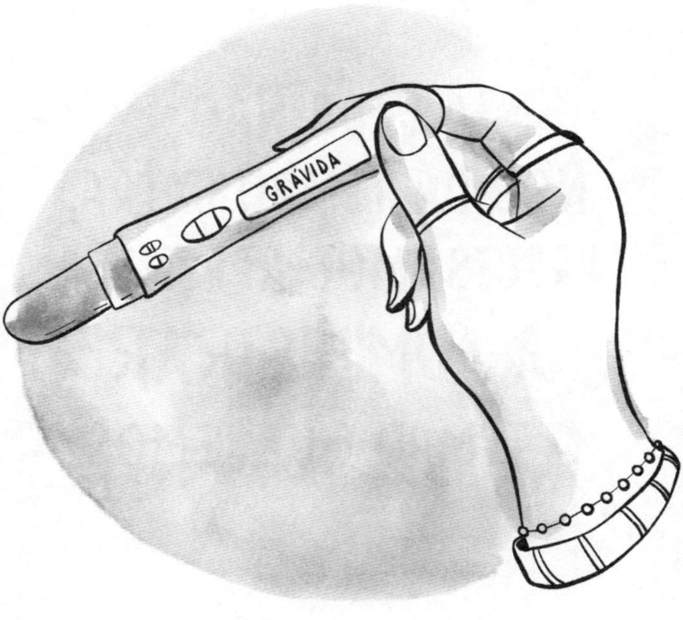
GRÁVIDA

Grávida

É mesmo real? Eu queria tanto isso, esperei tanto por esse momento, que quando vi aquela palavra confirmando a minha dúvida, comecei a achar que era um sonho. Como pode uma palavrinha tão pequena mudar toda a minha vida? É porque não é só uma palavra, é a constatação de que há um serzinho crescendo dentro de mim.

O corpo é incrível, a natureza é maravilhosa e Deus é perfeito. É só o que consigo pensar quando lembro que tem um neném em formação dentro de mim. O meu neném.

Sei que a minha vida vai mudar por completo, todos me falam das noites maldormidas, sobre viver preocupada, deixar de ser prioridade e passar a cuidar mais do filho do que de si mesmo, de não ter tempo para mais nada, dos desafios. Sei de tudo isso. Vai ser uma loucura! Mas sinto que muitas outras coisas vão mudar e já estão mudando, como o amor que está crescendo por esse neném, que parece ser a coisa mais intensa que eu já vivi e vou viver.

Agora, a minha forma de ver a vida parece diferente, como se eu estivesse vendo com outros olhos. Os meus planos para o futuro mudaram, o amor pela minha família aumentou, tudo está em constante transformação, inclusive eu.

É tudo muito novo, tem momentos que eu ainda esqueço que estou grávida, como quando estou trabalhando ou fazendo alguma coisa normalmente, e aí do nada minha mente se lembra. Na mesma hora abro um sorriso e acaricio a barriga. Não posso dizer que não estou com medo, porque estou. Tenho milhares de dúvidas, incertezas e medos que surgem na minha cabeça a todo o momento, mas estou tão feliz que não deixo nada disso permanecer na minha mente por mais que alguns segundos.

Tudo vai mudar. Mas eu não tenho medo de mudanças. Então pode vir, meu neném, que a mamãe está preparada para encarar esse mundo novo com você.

ÀS VEZES É
MALUCO PENSAR
QUE EM MIM
BATEM DOIS
CORAÇÕES.

Papai

A vida é tão engraçada, né? Queremos planejar cada minutinho do nosso futuro, traçamos metas, objetivos, sonhos e fazemos planos. Algumas coisas saem como planejado e outras, não. Mas você já percebeu que as coisas que acontecem sem tanto planejamento são aquelas que mais nos marcam? Se tudo acontecesse do jeitinho que a gente imaginou, não teria graça, seria tudo muito PREVISÍVEL.

Por isso, eu estou aqui. Sou o imprevisível, a surpresa. Mas saiba que nada nesta vida é por acaso. Tudo acontece exatamente do jeito que tem que acontecer. Você pode pensar que eu estou aqui antes da hora, mas acho que cheguei na hora certa. É tudo uma questão de perspectiva. Os seus planos, os meus planos e os planos de Deus ou da vida.

Você ainda não me conhece, mas eu tenho certeza de que vai me amar. Não sei explicar, mas esse sentimento existe dentro de mim, essa certeza. Sei também que seremos melhores amigos, você vai me ajudar a levantar quando eu cair, vai me abraçar quando eu chorar e vai me ensinar muitas coisas. E eu espero poder fazer o mesmo por você quando eu crescer.

Calma, você não é o único que ficou confuso e um pouco aterrorizado ao saber sobre mim. Mas espero que, depois que o choque passar, você seja capaz de se alegrar com a minha chegada, porque eu já te amo, papai.

(Foi assim que meu marido descobriu que ia ser pai.)

O INESPERADO,
O IMPREVISÍVEL PODE SER
O MAIOR PRESENTE DA
SUA VIDA.

LUGARES
aonde já fui

Quando penso na minha vida, apesar de ainda querer viver muito e fazer muitas coisas, percebo quanto eu já fiz, os caminhos que percorri e os lugares aonde já fui. É incrível quando olhamos com gratidão e carinho para a nossa trajetória. E quando digo isso, é sem comparar com a de ninguém, não me importa se já fiz mais ou menos que alguém, se já fui a mais ou menos lugares. O que realmente importa é o caminho que eu trilhei. Isso é único.

Esse caminho foi o que me fez chegar até aqui. Se eu tivesse tomado decisões diferentes, se eu tivesse escolhido ir para um lugar diferente em determinado momento, as coisas poderiam ter mudado completamente de rumo. E talvez eu não estaria aqui escrevendo este livro e você não estaria aí lendo este parágrafo. É doido pensar nisso, né?

Mas a vida é uma sequência de escolhas e consequências, em que nós fazemos o nosso destino.

Sou grata a todos os lugares aonde já fui, porque de alguma maneira eles me transformaram e me fizeram continuar e chegar até aqui. E quando digo lugares, não são apenas cidades ou viagens, apesar de isso também ter sido muito importante pra mim, todos os países que já conheci, as culturas diferentes que eu já vi, as pessoas incríveis que já cruzaram o meu caminho neste mundo.

Vou além. Já estive em programas de TV apresentando meu trabalho, já estive em livrarias assinando centenas de livros e recebendo o carinho de pessoas que nem conheço, já estive na lista de livros mais vendidos, já estive no altar ao lado do homem que hoje chamo de marido, já estive deitada com um ultrassom na barriga vendo um ser se formando dentro de mim. E muito mais.

Claro que ainda quero ir para muitos lugares, conhecer coisas novas e viver experiências incríveis. Mas olho para tudo isso e sou grata, porque acho que a minha história está sendo construída de forma linda e única.

E você, consegue olhar pra sua história e se alegrar com os lugares aonde já foi?

A VIDA É UMA SEQUÊNCIA DE ESCOLHAS E CONSEQUÊNCIAS, EM QUE NÓS FAZEMOS O NOSSO DESTINO.

Apesar de grávida, VOCÊ AINDA É VOCÊ

Estou grávida, estou muito feliz e vivendo momentos incríveis. Mas, com a gravidez, vêm os palpites. Sim, eles existem o tempo todo. Por exemplo, esses dias usei uma calça de moletom e uma jaqueta porque estava frio e escutei os seguintes comentários: "Tem que mostrar mais a barriga". "Usa vestido, valoriza a barriga." "Fica feia de calça, precisa usar roupas que evidenciem a barriga." "Por que não usa vestido? Você está grávida, vai ficar mais bonita." Até aí, sempre ouvi comentários sobre meus looks, nem todo mundo gosta das roupas de que gostamos, e ok. Mas só porque estou grávida preciso usar roupas que marquem a barriga? Não posso usar calça? Só posso usar vestidos? Não posso usar o que eu quiser? Existe um manual de looks que devemos usar?

O que isso me fez pensar é que as pessoas só te enxergam como grávida, como uma futura mãe. Elas esquecem que, apesar de grávida, você ainda é você, uma pessoa, com seus gostos e vontades. E se eu quiser usar calça e não valorizar o barrigão o tempo todo, tá tudo bem, porque posso me vestir como eu quiser.

Claro que a roupa é só uma das coisas em que as pessoas se metem, elas palpitam sobre tudo. E tudo é sempre sobre o bebê, nunca sobre a mãe. Você pode estar passando o maior problema da sua vida, as pessoas vão falar: "Não fica nervosa, isso faz mal pro bebê". Se você treina, alguém pode dizer: "Cuidado, pode ser perigoso pro neném". Por aí vai, e, claro, quando nascer vai ser pior, é o que dizem. As pessoas não se importam com você, com como você se sente, com suas emoções, com seu bem-estar e com tudo que você está vivendo. Só pensam no ser que está se formando dentro de você.

Mas calma, não é todo mundo, tá? Ainda existem pessoas que lembram que você é você, além de ser uma futura mamãe. Então, minha opinião? Deixe esse tipo de comentário entrar por um ouvido e sair pelo outro.

Se algo for bom, escute; se não for, ignore. Só você sabe o que realmente sente, escute seu coração, não se importe com o que os outros vão pensar. E seu neném sabe do seu amor, é isso que importa.

CONSELHOS E PALPITES:
SE FOREM BONS, ESCUTE;
SE NÃO, IGNORE.

Nada é
IMPOSSÍVEL

Tenho certeza de que você já ouviu ou já disse essa frase algum dia na sua vida. Parece clichê, né? É porque é! Mas clichês só são clichês porque são verdades que todo mundo repete. Talvez você não acredite que nada é impossível, tudo bem, eu também não acreditava. E de tempos em tempos volto a não acreditar.

Mas já teve algo que você disse ser impossível de acontecer e em algum momento aconteceu? Por exemplo: "É impossível correr uma maratona. Eu nunca vou conseguir". Essa era uma frase que eu sempre falava. "Correr 42 km, só os loucos conseguem, isso não é pra mim." Pois bem, eu não corri uma maratona, corri duas. E antes que você pense: *Ah, mas ela deve ser atleta*, eu te digo que amo dormir até mais tarde e ficar jogada no sofá o dia inteiro assistindo a séries. Resumindo, não sou atleta. Alguns anos atrás comecei a correr para emagrecer e praticar algum esporte. Mas quando digo "comecei a correr", eram dois minutos correndo e dez minutos caminhando. No dia em que corri meu primeiro quilômetro completo, fiquei muito feliz. E no dia em que participei da primeira corrida de rua, então! Nossa, foram 5 km suados concluídos com sucesso. Mas ainda era uma longa distância até os 42. E nem era um objetivo que eu tinha traçado pra mim, eu estava feliz demais fazendo 21 km, meia maratona. Eu até pensava: *Meu Deus, como alguém pode fazer o dobro disso?*

    Até que um dia, eu, a minha irmã – que sempre treinou comigo – e nossa personal trainer, Kelly, decidimos fazer um desafio maior: correr 5 km em um dia, 10 km no outro e 21 km no terceiro dia. Treinamos bastante para esse desafio. Acontece que as corridas que escolhemos fazer eram na Disney, em Orlando. E lá existe o Desafio do Dunga, em que você precisa correr em quatro dias seguidos: 5 km, 10 km, 21 km e 42 km. Coisa pra gente maluca, né? Pois bem, fomos pra lá, mas não iríamos fazer os 42 km, afinal, era impossível fazer uma maratona, ainda mais depois de correr uma meia maratona um dia antes, né?

Mas foi só chegar lá, no dia de retirar os kits das provas, e sentir aquele clima mágico de que tudo era possível, que nós decidimos tentar. Como assim tentar? Nós correríamos nos três primeiros dias e, se nos sentíssemos bem, sem muitas dores, tentaríamos completar o quarto dia. Mudamos o plano de corrida que havíamos montado e estávamos muito bem acompanhadas por uma profissional.

No primeiro dia foi tudo lindo, os 5 km foram tranquilos. No segundo também não foi muito puxado, mas à noite algumas dores começaram a aparecer. No terceiro dia completamos 21 km com muito suor, mas eu sentia que me corpo era capaz de continuar um pouco mais. O dobro? Talvez não. No quarto dia acordamos antes de o sol nascer, nos arrumamos e fomos até o local da largada. Durante a espera, combinamos que seria apenas uma tentativa, que, se alguém não se sentisse bem, não haveria problema nenhum em desistir e que, se uma parasse, todas parariam. O coração estava na boca mesmo antes de largar. Eu me lembro de ver a minha irmã com cara de choro e desespero falando: "Por que a gente tá fazendo isso?". Caímos na gargalhada, mas confesso que pensei a mesma coisa: *Maratona? É impossível fazer uma maratona.* Mas logo os fogos explodiram no céu e começamos a correr.

No começo tudo já doía, o acúmulo do cansaço dos dias anteriores estava nos pegando, mas, apesar de tudo, eu sentia que conseguia ir um pouco mais. Quando chegamos na metade da prova, eu me sentia superbem, não estava tão cansada e não parecia mais uma tarefa tão impossível assim, eu só teria que correr o dobro do que já havia corrido. HAHAHA. O D-O-B-R-O. Mas estava confiante. Trinta quilômetros, sol na cabeça, dor em todos os músculos. Eu escutava nossa personal dizendo: "Vamos, só faltam 12". E eu pensava: *Meu Deus, ainda faltam 12.*

A partir daquele momento pensei em desistir muitas vezes, mas a gente já tinha chegado até ali... faltava tão pouco. Quando a vontade de chorar e de me jogar no chão começou a subir pela garganta, vimos nossa família gritando e torcendo por nós e aquilo nos energizou de uma maneira que reunimos forças para continuar. Mais um quilômetro, mais um, mais um. Meu Deus, não chega nunca. Até que chegamos aos 40 km, eu olhei pro relógio e vi que nós conseguiríamos terminar dentro do tempo limite, e, apesar de todas as dores, eu sabia que seríamos capazes de andar mais 2 km, mesmo que fosse a passos de tartaruga. Nesse momento, chorei. Chorei ali, mesmo antes de cruzar a linha de chegada, porque foi naquele momento que percebi que iríamos conseguir, que era possível. E foi possível! Cruzamos a linha de chegada de mãos dadas, nos abraçamos, suadas e exaustas, e choramos. Mas era um choro de felicidade, uma sensação de que nada era impossível e de que eu era capaz de conseguir tudo que quisesse. Virei uma maratonista, mas, mais do que isso, consegui o impossível. E no ano seguinte fui de novo. Hahaha. Louca, né?

Eu achava que escrever um livro seria impossível. E olha só pra mim: já estou escrevendo o meu terceiro. Então nada é impossível.

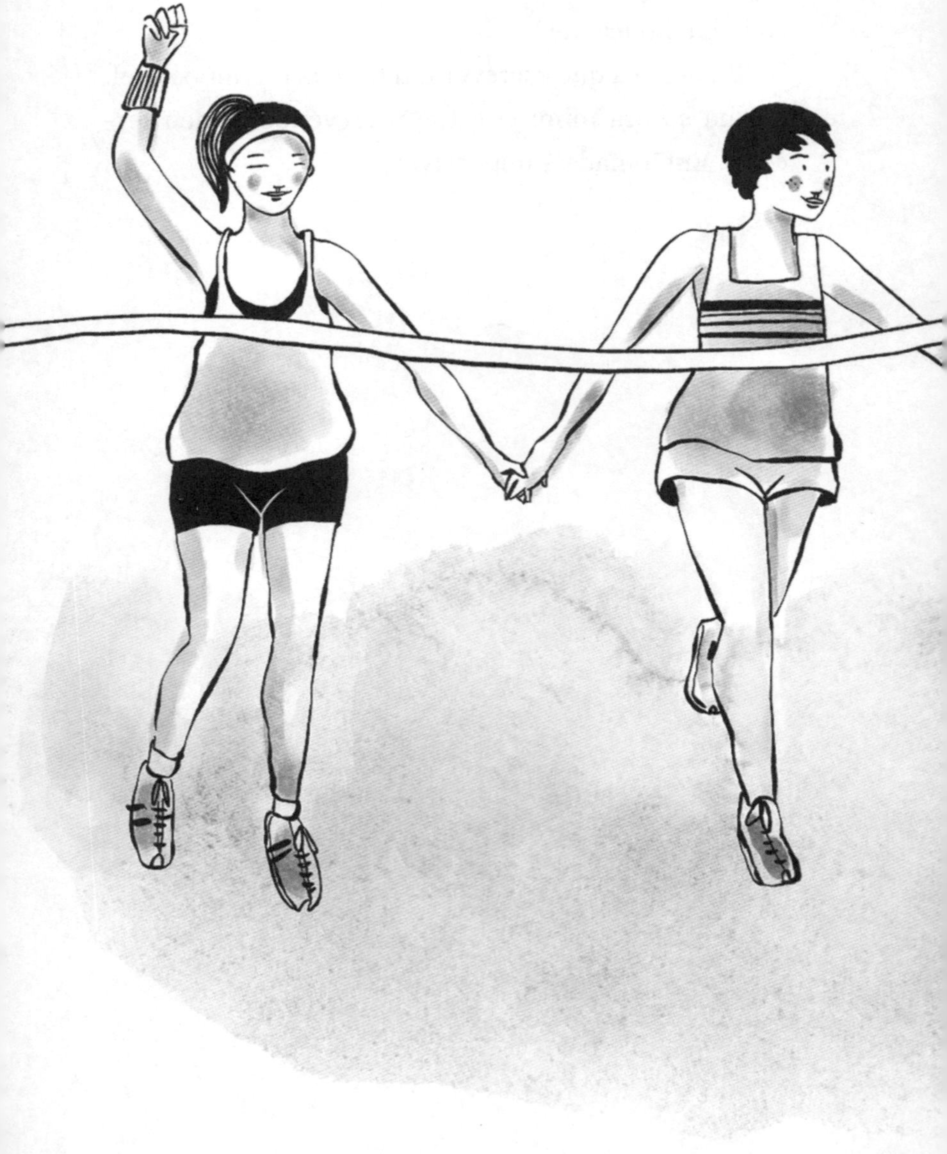

ACREDITE EM VOCÊ, CORRA ATRÁS DOS SEUS SONHOS E REALIZE O IMPOSSÍVEL.

Como lidar?

Existem regras de como devemos lidar com as situações difíceis? Estou passando por diversos problemas na minha vida pessoal e recebi um comentário um dia desses dizendo: "Acho estranho ver você e sua família sorrindo e se divertindo, como se nada estivesse acontecendo". Isso me fez pensar muito: *Por estar passando por momentos de tempestade, eu preciso chorar o tempo todo? Não posso sorrir? Não posso ter motivos de alegria? Não posso escolher viver de forma leve? Não posso tentar me distrair dos problemas?*

Pelo visto, para essa pessoa, não! Na visão dela, devo viver a tristeza, me entregar aos problemas e não comemorar as outras coisas boas da vida. Isso me preocupa, primeiramente, porque acredito que cada um sabe qual é a melhor maneira de encarar os próprios problemas e não cabe a ninguém de fora querer palpitar. E segundo, que vida triste essa pessoa leva. Espero que não seja o caso da maioria, mas é preocupante! Vamos passar por momentos turbulentos diversas vezes em nossa vida, mas nem por isso não podemos encontrar motivos para sorrir.

Eu, por exemplo, neste momento estou com a minha sogra em estado grave internada há mais de um mês, meu avô com um câncer terminal e, ao mesmo tempo, estou vivendo a fase mais linda da minha vida: estou grávida. Confesso que é muito confuso, já me peguei chorando diversas vezes por alguma notícia de piora da minha sogra ou do meu avô e então de repente sorrio em meio às lágrimas, porque senti a minha filha se mexendo dentro de mim. A vida é assim: podemos chorar e sorrir, no mesmo dia e até ao mesmo tempo.

Claro que podemos escolher entre só viver a tristeza e nos entregar a ela. Ou podemos, apesar de tudo, escolher seguir vivendo. Eu escolhi seguir em frente, tenho meus momentos de tristeza, mas não deixo eles me paralisarem, mantenho a fé, o pensamento positivo e quando necessário me distraio com outras coisas. Mas nem por isso deixo de me alegrar, de me divertir, de fazer planos e de aproveitar as coisas boas da vida.

Eu sou megafã de Harry Potter, mas nunca uma frase do livro fez tanto sentido pra mim, como esta, do Alvo Dumbledore: "A felicidade pode ser encontrada mesmo nas horas mais difíceis, se você se lembrar de acender a luz".

Sem dúvida minha filha é a minha maior luz e eu sou muito feliz por isso. Então, escolho acender a luz e sair da escuridão, porque a vida continua.

E você, como lida com os problemas: se entrega ou segue em frente apesar deles?

12/07/2021

"A FELICIDADE PODE SER ENCONTRADA MESMO NAS HORAS MAIS DIFÍCEIS, SE VOCÊ SE LEMBRAR DE ACENDER A LUZ."
– ALVO DUMBLEDORE

Fé

Sempre escutamos as pessoas falando: "Tenha fé", "Não perca a fé". Mas nos momentos difíceis é complicado não duvidar dela. É fácil ter fé quando está tudo dando certo, mas e quando não está? É exatamente nessa hora que ter fé é essencial, é o que nos faz acreditar, ter esperança para continuar. Caso contrário, só nos resta lamentar e sofrer.

E quando digo fé, vou além de qualquer religião, estou falando diretamente de Deus, de Buda, do ser divino, da energia, seja lá no que você acredita. É aquela conexão com o espiritual.

Eu acredito em Deus, sou católica batizada, mas não frequento muito a igreja. Meus pais hoje em dia são evangélicos, meu casamento inclusive foi celebrado por um pastor. A família do meu marido é parte católica e parte espírita. Resumindo, respeito todas as religiões, não sigo exclusivamente nenhuma, mas sempre converso com Deus.

Confesso que nunca me senti tão conectada a Ele quanto agora que estou grávida. Eu estou gerando uma vida dentro de mim, e isso só pode ser coisa de Deus, é tudo muito surreal e perfeito. Sou grata todos os dias por ter a bênção de carregar a minha filha dentro de mim, de poder viver esse momento tão mágico e especial e por todas as coisas incríveis que já aconteceram na minha vida.

Recentemente, fui a Aparecida, interior de São Paulo, onde tem o Santuário Nacional de Nossa Senhora Aparecida. Eu nunca havia ido. Como minha sogra está internada em estado grave, devido a essa pandemia que não tem fim, eu e meu marido fomos até lá assistir a uma missa e pedir pela cura dela. O lugar é magnífico, gigantesco e muito bonito. Mais do que isso, tem uma energia surreal. Quando cheguei perto e vi a imagem de Nossa Senhora, me arrepiei inteira e meus olhos se encheram de lágrimas. Independentemente da religião que você siga, existem lugares que têm uma energia inexplicável, e esse sem dúvida é um deles.

Olhei para a imagem de Nossa Senhora, que estava envolta em seu manto cravejado, senti uma conexão incrível, coloquei as mãos sobre a minha barriga e, em silêncio, rezei. Agradeci a Nossa Senhora, que é mãe de Deus, por me dar a honra de ser mãe, e pedi para que ela interviesse na cura de uma mãe de dois filhos, e futura avó, a minha sogra. Naquele momento, qualquer dúvida sobre fé simplesmente desapareceu. Eu tinha mais fé do que nunca.

Uma carta para a minha FILHA

Filha, mamãe sempre sonhou em ter você; quando descobri que você estava aqui dentro de mim, mesmo sem acreditar que era real, fiquei muito feliz. Eu vibro com cada conquista sua, mesmo que ainda dentro da minha barriga. Me emocionei quando escutei seu coração bater pela primeira vez, e quando te vi tão pequenininha no ultrassom, meu coração se encheu de amor. Você ainda está crescendo aqui dentro e meu amor por você já é tão grande. Percebo a cada dia como esse amor cresce mais e mais, nem consigo imaginar como vai caber tanto amor no meu peito quando você nascer e eu tiver você em meus braços.

A cada chutinho ou mexidinha, sinto que é um carinho seu e me alegro. Adoro conversar com você, cantar pra você, ler pra você. Vivo imaginando como vai ser seu rostinho, seu jeito, seu sorriso. Não vejo a hora de ter você aqui, mas ao mesmo tempo quero que o tempo passe bem devagar.

Quero o seu bem sempre, então saiba que você sempre poderá contar comigo para tudo na sua vida. Vou caminhar ao seu lado de mãos dadas, te ajudar a superar os obstáculos, te ensinar a subir os degraus e prometo que, quando você já estiver pronta pra trilhar seu caminho sozinha, vou soltar sua mão e te deixar ir. Mas sempre estarei no seu coração, e na hora que precisar segurarei sua mão, mesmo quando já estiver crescida e com seus filhos pra criar.

Às vezes a mamãe vai errar, mas sempre tentando acertar, porque também sou humana e estou aprendendo. Você ainda nem nasceu e já me ensina tanto, me ensina a sorrir mesmo em dias difíceis, me ensina a viver o momento presente, me ensina que nem tudo está no nosso controle. Imagina quanto você ainda vai me ensinar nesta vida? Vamos aprender muitas coisas juntas.

A mamãe te ama muito, mais do que eu achei que fosse possível amar alguém. Só quero te ver feliz, minha filha.

TENHO MUITOS SONHOS PRA VOCÊ, MINHA FILHA,

MAS SEMPRE VOU RESPEITAR OS SEUS, PORQUE O QUE IMPORTA PRA MIM É TE VER FELIZ.

Se o mundo ACABASSE HOJE...

Se o mundo acabasse hoje, você poderia dizer que viveu plenamente? Fez o que tinha vontade de fazer? Ou todos os seus sonhos e planos ficaram para depois? Curtiu a vida? Ou só trabalhou? Se arrepende do que fez ou do que deixou de fazer?

A gente vive com a cabeça no futuro, no trabalho, nos problemas e nos esquecemos de viver. Viver a vida, as alegrias, as tristezas, os momentos em família, as conquistas. Estamos sempre em busca de mais, do próximo degrau, mas muitas vezes não olhamos para onde estamos e para as pessoas que estão ao nosso redor.

Trabalhar é importante, claro. Precisamos trabalhar para nos sustentar, melhorar de vida, alcançar nossos objetivos. Mas dá pra fazer uma pausa de vez em quando e sair pra jantar com uns amigos, ir pra praia, curtir um cinema, viajar, refrigerar a cabeça. A vida é mais que trabalho. Não estou falando para jogar seus planos pro alto e viver na pegada *carpe diem*. Claro que não. Mas lembre-se sempre de que o tempo não espera ninguém. A vida é nossa, são nossas escolhas, nossos sonhos; mas o tempo, o tempo a Deus pertence.

Minha dica? Trabalhe, trabalhe com afinco, mas, quando o horário de trabalho acabar, vá viver. Deixe as preocupações e as pendências no escritório, no computador, no celular e vá descansar. Achamos que não podemos deixar nada para amanhã ou para depois, levamos trabalho pra casa, estendemos as horas de trabalho, trabalhamos nos fins de semana e feriados. E nem nos damos conta de que estamos deixando a nossa vida para depois. E se não houver depois?

NÃO DEIXE
A VIDA PARA DEPOIS,
O DEPOIS PODE
NÃO EXISTIR.

Agradecimentos

Não tem como terminar este livro sem agradecer ao meu marido, Leandro, que viveu e ainda está vivendo confinado comigo em casa, neste momento doido de pandemia que estamos vivendo. Foram muitos dias de altos e baixos, de risadas e choros, de brincadeiras e tédios. No meio de tudo isso, escrevi este livro e ele leu cada texto, assim que eu terminava de escrever. Te amo, meu amor.

Sem dúvida a minha maior alegria e minha maior luz nos últimos tempos é a minha filha, Giovana, que ainda estava na minha barriga durante a escrita deste livro. Filha, você deu forças para a mamãe continuar mesmo nos dias mais difíceis, me deu motivos para sorrir e inspiração para escrever. Te desejo toda felicidade do mundo.

Quero agradecer também a toda a minha família, que eu amo demais e que me apoia sempre, e meus amigos, que fazem a minha vida mais colorida, mesmo que apenas com encontros online em tempos de quarentena.

E não posso deixar de agradecer aos meus leitores e fãs, que acreditaram em mim e me apoiaram desde o primeiro livro.

Espero que este aqui tenha te feito refletir e sorrir, e que tenha deixado um quentinho no seu coração.

**Acreditamos
nos livros**

Este livro foi composto em Linux Libertine e impresso pela Gráfica Santa Marta para a Editora Planeta do Brasil em outubro de 2021.

❯ AGRADECIMENTOS

Aos que foram meus alunos ou leitores e que, longe de entenderem o que eu dizia, me perguntavam, não entendiam e me convocavam a falar mais sobre essas notícias do nosso estrangeirismo que são a psicanálise e o amor.

Aos que dedicam ou dedicaram a escuta de suas análises a mim, porque é com eles e elas que aprendi ou aprendo muito do que sei e ainda mais do que não sei.

À minha analista, que não cansa (ou cansa, mas segue mesmo assim) de me reconduzir aos jardins secretos de mim mesma – trabalho esse que me possibilita trabalhar no amor e amar meu trabalho.

Ao Felipe Brandão e à Editora Planeta, pela aposta em minha escrita, algo tão imenso para mim e que sinto que fica cada vez mais.

Ao Eduardo Lacerda, pela aposta que faz na literatura, inclusive na minha.

À minha mãe, ao meu pai, por terem apostado em mim e seguirem apostando amorosamente.

Aos meus tantos amigos e amigas, por apenas serem. À Priscila Mattos, por existir. À Rita Maria Manso de Barros, por apostar em minha escrita poética mesmo na academia. À Heloisa Caldas e ao Marco Antônio Coutinho Jorge, por serem inspiração. À Malvine Zalcberg, pelo belíssimo e frutífero encontro.

> ## MÚSICAS CITADAS NESTA OBRA

Quero começar. Interpretada por: Barbatuques, Tiquequê. Composta por: Wem. Fonte: Tiquequê.

Canção de Chapeuzinho Vermelho. Composta por: Carlos Alberto Ferreira Braga (Braguinha/João de Barro). Fonte: UBC.

Por onde andei. Interpretada por: Nando Reis. Composta por: Nando Reis. Produzida por: Nando Reis, Carlo Bartolini. Fonte: Universal Music Ltda., Infernal Produções, Warner Chappell Music.

Sampa. Interpretada por: Caetano Veloso. Composta por: Caetano Veloso. Produzida por: Caetano Veloso. Fonte: Universal Music Ltda., Warner Chappell Music.

De quem é a culpa? Interpretada por: Marília Mendonça. Composta por: Marília Mendonça e Juliano Tchula. Fonte: Som Livre.

Eu te amo. Interpretada por: Chico Buarque. Composta por: Antônio Carlos Jobim, Chico Buarque. Produzida por: Vinicius França, Luiz Claudio Ramos. Fonte: RCA Records Label.

Ideologia. Interpretada por: Cazuza. Composta por: Cazuza, Roberto Frejat. Produzida por: Marcia Alvarez, Ezequiel Neves, Nilo Romero. Fonte: Universal Music Ltda.

O nosso amor a gente inventa. Interpretada por: Cazuza. Composta por: Cazuza, Reboucas, Rogerio Meanda. Produzida por: Ezequiel Neves, Jorge "Gordo" Guimaraes. Fonte: Universal Music Ltda.

Aquele 1%. Interpretada por: Marcos & Belutti. Composta por: Benicio, Vinicius Poeta. Fonte: Sony Music Entertainment.